NUNCA FRITE BACON NU
e outras lições de vida!

O. Gene Bicknell

NUNCA FRITE BACON NU
e outras lições de vida!

Tradução
ROSANE ALBERT

EDITORA CULTRIX
São Paulo

Título original: *Never Fry Bacon in the Nude and Other Life Lessons!*

Dados Internacionais de Catalogação na Publicação (CIP)
(Câmara Brasileira do Livro, SP, Brasil)

Bicknell, O. Gene
Nunca frite bacon nu e outras lições de vida / O. Gene Bicknell ; tradução Rosane Albert. — São Paulo : Cultrix, 2005.

Título original : Never fry bacon in the nude and other life lessons!
ISBN 85-316-0876-7

1. Administração de empresas 2. Auto-ajuda — Técnicas 3. Auto-realização (Psicologia) 4. Empreendedorismo 5. Motivação (Psicologia) 6. Sucesso I. Título.

05-0882 **CDD-158.1**

Índices para catálogo sistemático:

1. Desenvolvimento pessoal : Psicologia aplicada 158.1

O primeiro número à esquerda indica a edição, ou reedição, desta obra. A primeira dezena à direita indica o ano em que esta edição, ou reedição, foi publicada.

Edição	Ano
1-2-3-4-5-6-7-8-9-10-11	05-06-07-08-09-10-11-12-13

Direitos de tradução para o Brasil
adquiridos com exclusividade pela
EDITORA PENSAMENTO-CULTRIX LTDA.
Rua Dr. Mário Vicente, 368 — 04270-000 — São Paulo, SP
Fone: 6166-9000 — Fax: 6166-9008
E-mail: pensamento@cultrix.com.br
http://www.pensamento-cultrix.com.br
que se reserva a propriedade literária desta tradução.

Impresso em nossas oficinas gráficas.

Sumário

Agradecimentos

Qualquer parto, seja o de uma criança ou de um livro, é extenuante e raramente realizado sem a ajuda de alguém. Muitas pessoas contribuíram para este livro simplesmente passando pela minha vida e testemunhando meus esforços para buscar e conquistar meu sucesso pessoal. A maioria de vocês sabe de quem estou falando e que podem contar com minha gratidão e meu apreço.

Duas pessoas, entretanto, foram especialmente úteis na preparação deste material. Cindy Allen, obrigado pela sua contribuição na edição do original, pelo apoio e pelas sugestões nos estágios iniciais de finalização do material. Cindy me ajudou imensamente a estruturar e organizar minhas anotações.

Joycie King, autora-editora e amiga. Sua edição do texto, estruturação de orações, estilo lingüístico, verbosidade e organização foram decisivos para a finalização deste livro. A formação e a experiência de Joycie foram inestimáveis na preparação e revisão dos esboços finais. Seus esforços e sua crença neste livro e comprometimento foram sinceros e muito apreciados.

Quero também agradecer a Karen Badart, Cindy Morris, Dr. Bill Rose e a todos os meus amigos e sócios que me ajudaram na conclusão do projeto deste livro.

E, por último, mas nem por isso menos importante, um agradecimento especial à minha amada esposa Rita, pelo seu apoio e pela fé, em mim e neste livro.

Prefácio

Nunca frite bacon nu é uma analogia que usei muitas vezes enquanto falava das vulnerabilidades do mundo dos negócios. Se não estiver preparado e com a cabeça feita (vestido adequadamente), você corre o risco de sofrer queimaduras feias em alguns lugares não muito bonitos.

A intenção deste livro é compartilhar as muitas filosofias com que deparei ao longo dos anos. Grande parte deste material certamente não é original, assim como nenhum material é verdadeiramente original. Não espero que este livro mude a vida de ninguém. Nenhuma pessoa é capaz de mudar outra, tudo o que podemos fazer é modificar a nós mesmos e, para fazer isso, precisamos, antes de tudo, querer mudar.

Este é um livro sobre o seu crescimento, não apenas na esfera pessoal, mas também na profissional. Muitas vezes, nós nos esquecemos de que essas duas entidades estão intimamente ligadas. Grande parte do material apresentado é formada de teorias e práticas que achei úteis no mundo dos negócios. As histórias partiram dos meus amigos, conhecidos e sócios e de muitas pessoas diferentes com as quais tive contato durante os anos em que vivi no mundo dos negócios. São idéias que funcionaram para mim e para outras pessoas. Elas vão daquilo que chamamos de "controle de cupins" à arte de prestar atenção. Há também informações voltadas para o projeto do negócio, já que essa é a base para a formação de um negócio bem-sucedido.

O objetivo deste livro é fazer o leitor pensar em como aplicar estas idéias à sua própria situação e ao seu negócio. Você provavelmente já as conhece, pode até já tê-las usado e, mesmo que tenham funcionado bem, por alguma razão você parou de pô-las em prática. Eu espero, sinceramente, que as teorias, sugestões e histórias apresentadas aqui estimulem o seu desejo por mudança e o ajudem a tornar-se a pessoa bem-sucedida que você quer ser.

Aproveite de tudo isso o que você puder, como eu fiz com relação às minhas experiências de vida e com sociedades. Este é o tipo de livro que quem escreve o final é VOCÊ. Afinal, VOCÊ é o destino último!

Prefácio

Introdução

Você aprende enquanto segue em frente

Quando eu tinha 11 anos de idade, fui trabalhar numa padaria. Ganhava dez cents por hora, trabalhando quarenta horas semanais. Ao menos, eu recebia por quarenta horas. Na realidade, eu trabalhava de setenta a oitenta horas. Naquele tempo, as pessoas davam **mais** valor ao emprego. Não havia como reclamar. A grande maioria ficava feliz quando tinha um emprego, assim, eu trabalhava minhas setenta horas, recebia por quarenta e ficava feliz com a minha sorte.

Foi a mulher do padeiro quem me contratou. Num dos lados do estabelecimento havia um pequeno café, com um balcão e bancos, e a padaria ficava do lado oposto. Eu trabalhava nos fundos, com o padeiro. Não levei muito tempo para perceber que a pessoa que mais teria influência sobre mim naquele lugar era a mulher do padeiro.

Sua personalidade afetava a tudo e a todos na padaria, sem distinção entre clientes e empregados. Ela foi uma das pessoas mais rabugentas e negativas que eu já conheci! Sua personalidade agressiva provocou a perda de muitos fregueses, entre eles a minha irmã. Ada chegou na padaria com uma lista de compras. No momento em que a mulher do padeiro foi em direção ao café para pegar troco, minha irmã resolveu segui-la. Ela só estava tentando poupar a mulher da viagem de volta do café.

— Volte já para lá — a mulher falou com uma voz esganiçada para minha irmã. — Eu trago o troco para você!

Minha pobre irmã ficou tão abalada, que saiu da padaria e nunca mais voltou. Infelizmente, ela não foi a única freguesa a sentir o impacto da personalidade daquela mulher. Coisas desse tipo aconteciam quase todos os dias. Do meu lugar, na parte dos fundos do estabelecimento, eu me sentia perturbado com o comportamento dessa mulher — mesmo só tendo 11 anos de idade. Ela dependia dos fregueses para viver e, ainda assim, era briguenta, mal-educada e lidava com eles de maneira negativa. Para mim, era o exemplo perfeito de como NÃO tratar os fregueses. A despeito de sua atitude e de seu comportamento, eu me dava bem com ela. O exemplo que ela dava me desafiava a aprender como lidar com as pessoas. Aprendi também como dar duro e não esperar muita gratidão em troca.

Aparentemente, eu também lhe causava alguma impressão. Nós sempre nos mantivemos em contato e, depois da morte do seu marido, ela passou a me considerar da família. Por causa de seu gênio nada agradável, nenhum de seus parentes a procurava ou mantinha qualquer tipo de contato com ela. Em seus últimos anos de vida, foi preciso que ela ficasse numa casa de repouso e, a seu pedido, eu me tornei responsável por ela. Providenciava para que recebesse cuidados, pagava suas contas e, no final, acabou ficando sob minha responsabilidade a maior parte das despesas do enterro. Nunca sabemos qual o impacto que alguém terá sobre nossa vida.

Na época em que tinha 12 anos, eu já tinha sido promovido e passara para o cargo de atendente de balcão, servindo sorvetes e refrigerantes. Eu não era muito grande para a minha idade e mal conseguia alcançar a parte de cima do balcão. Mas trabalhei duro e me dediquei à tarefa de me tornar o melhor naquilo que fazia. Eu me saí bem, já que mantive aquele emprego por aproximadamente três anos.

Essa experiência me propiciou ainda uma outra lição de como lidar com o público. Os donos do estabelecimento eram dois irmãos: um deles era um sujeito grande, alegre, de fácil convivência; o outro, menor, era mais complicado. Eles se revezavam em turnos, e suas personalidades contrastantes ensinaram-me muito sobre a importância de ser flexível ao lidar com o público.

Passei, em seguida, a trabalhar como ensacador num armazém. Ted, o homem para quem trabalhei, foi o profissional mais duro que conheci na direção de um negócio. Os funcionários do armazém não paravam de trabalhar nunca! Quando não estávamos atendendo os fregueses ou carregando enormes sacos de compras para o carro deles, ficávamos ocupados reabastecendo as prateleiras. Se ele pegasse alguém sentado ou descansando na hora do trabalho, todos nós ficávamos sabendo — pode acreditar, a mensagem ecoava em alto e bom som! Com o exemplo dele, aprendi sobre o "estilo ditatorial" de administração. Funcionava para ele. Em sua defesa, posso dizer que ele tinha um perfil conservador, mas era um bom investidor. Esses traços faziam dele um homem de negócios bem-sucedido. Aprendi muito com Ted e o admiro. Para ele, o trabalho pesado era uma cláusula não-negociável.

Minha experiência seguinte foi como chapeiro e depois fui trabalhar num açougue. Ao longo de toda essa trajetória, eu ouvi, observei e aprendi lições valiosas com meus patrões. Alguns me ensinaram como tratar as pessoas, dirigir um negócio e ser bem-sucedido. Outros me mostraram como NÃO fazer essas coisas.

Quando mais jovem, eu me sentia extremamente intimidado diante de qualquer um que tivesse poder e dinheiro. Eu vinha de uma família pobre e era importante para mim trabalhar pesado e conservar aqueles empregos. Meu sustento e a contribuição que eu dava à minha família dependiam do que eu ganhava. Isso tornava meus patrões ainda mais poderosos e intimidativos.

Desde que comecei a trabalhar na padaria, passei a comprar minhas roupas, a cobrir todos os meus gastos, inclusive com transporte e despesas escolares. Meus pais me garantiam a comida e o teto e eles estavam trabalhando mais duro do que eu, apenas para prover a nossa subsistência.

Quando olho para trás, percebo que aprendi mais por meio de exemplos do que por orientações verbais. Ninguém dizia "faça isso" ou "faça aquilo" e você será um rapazinho bem-sucedido. Em vez disso, eu olhava e observava o que funcionava e o que não funcionava. Dessas experiências eu desenvolvi três valores essenciais aos quais eu atribuo o meu sucesso posterior... trabalhe muito, seja honesto e seja flexível ao tratar com outras pessoas. Aprendi observando meus pais, meus empregadores e as pessoas com quem eu convivia. Embora cada negócio exija um tipo diferente de perspectiva e técnica, esses valores nunca mudam — são a essência de toda relação de negócios bem-sucedida.

Parte I

Características do Sucesso

1

Só É Preciso um Pouco de Trabalho Pesado

O emprego de cinco dólares

Ninguém em nossa pequena cidade de Utah sabia de onde a Condessa tinha vindo. Seu inglês preciso e cuidadoso indicava que ela não era norte-americana. Pelo tamanho de sua casa e da criadagem, sabíamos que ela deveria ser muito rica. Ela nunca saía para se distrair e deixava bem claro que, quando estivesse em casa, estaria sempre inacessível. Somente quando saía porta afora ela se tornava uma figura pública. Para um pirralho como eu, ela representava uma figura atemorizante.

A Condessa andava sempre com uma bengala, não apenas para servir-lhe de apoio, mas como um meio de castigar as crianças que, a seu ver, precisavam ser disciplinadas. Vez por outra, a maioria da meninada da vizinhança parecia demonstrar essa necessi-

dade. Correndo e me mantendo alerta, eu dava um jeito de ficar fora do alcance dela. Mas um dia, com uns 13 anos de idade, eu estava cortando caminho pela cerca viva da casa dela quando ela chegou perto o bastante para me acertar a cabeça, de leve, com sua bengala.

— Rapazinho — ela disse —, quero falar com você.

Eu estava esperando um sermão sobre o pecado de invadir propriedade alheia, mas, quando olhou para mim, com um meio-sorriso, ela parecia ter mudado de idéia.

— Você não mora numa casa verde com esquadrias amarelas, no quarteirão de cima? — ela me perguntou.

— Sim, senhora.

— É você quem cuida do gramado, irrigando-o e aparando-o?

— É.

— Ótimo! Perdi meu jardineiro. Esteja em minha casa na quinta-feira de manhã, às 7 horas, e não me diga que tem outra coisa para fazer — ela me disse em voz de comando. — Eu o tenho visto vagabundeando às quintas.

Quando a Condessa dava uma ordem, ela era levada a sério. Eu não me atrevi a não aparecer na quinta-feira.

Aparei o gramado dela três vezes até ela se dar por satisfeita. E, ainda assim, ela me fez ficar de quatro, procurando ervas daninhas, até que meus joelhos ficassem tão verdes quanto a grama. Finalmente ela me chamou na varanda e me perguntou:

— Bem, rapazinho, quanto você quer receber por este dia de trabalho?

— Não sei, talvez cinqüenta cents — respondi.

— Você acha que essa é a quantia que deve receber?

— Sim, senhora, mais ou menos isso.

— Muito bem — ela me disse. — Aqui estão os cinqüenta cents que você disse que seu trabalho valia e aqui tem mais um dólar e meio pelo que eu exigi de você. Agora, vou lhe dizer alguma coisa sobre como você e eu vamos trabalhar. Há tantas formas de se cortar a grama quanto pessoas no mundo. E esse trabalho pode valer qualquer coisa entre um centavo e cinco dólares. Digamos que um trabalho de três dólares equivaleria ao que você fez hoje, exceto que você o teria feito completamente sozinho. Um trabalho de quatro dólares seria tão perfeito que você teria que ser meio idiota para perder tanto tempo com um gramado. Um trabalho de cinco dólares é, bem, impossível, portanto, tire-o da cabeça. Então, agora, a cada semana eu irei lhe pagar de acordo com a avaliação que você fizer de seu próprio trabalho.

Saí com meus dois dólares, mais rico do que jamais fora em toda a minha vida. Eu decidi que iria conseguir quatro dólares da próxima vez, mas não cheguei nem à marca dos três dólares. Minha determinação começou a falhar na segunda vez que fui ao quintal da casa dela.

— Dois dólares? — perguntei, resmungando.

— Esse tipo de trabalho faz com que você corra o risco de ser despedido, rapazinho — ela disse.

— Sim, senhora, vou trabalhar melhor na semana que vem — eu prometi. E de algum jeito eu consegui. Na última passada pelo gramado, eu estava exausto, mas me sentia motivado. Animado com aquele sentimento novo, não tive nenhuma dúvida em pedir três dólares à Condessa.

A cada quinta-feira, nas quatro semanas seguintes, eu ficava mais familiarizado com o gramado dela. Os lugares em que o solo era mais alto ou mais baixo. Os pontos onde era preciso cortar mais ou deixar as beiradas mais longas para criar uma curvatura melhor ao longo do jardim. Então fiquei mais consciente do que poderia ser considerado um trabalho de quatro dólares. E a cada semana eu me determinava a fazer exatamente esse tipo de trabalho.

Quando alcancei a marca dos três ou dos três dólares e meio, eu estava de tal modo exausto que não me lembrava nem sequer da ambição de ir além daquele ponto.

— Você me parece um sujeito que de fato merece três dólares — ela dizia, enquanto me dava o dinheiro. — Não se sinta tão mal — ela falava, tentando me consolar. — Afinal, pode-se contar nos dedos de uma mão o número de pessoas no mundo que consegue fazer um trabalho de quatro dólares.

A princípio, as palavras dela me consolavam, mas depois foram se tornando irritantes. Isso me fez tomar a decisão de fazer um trabalho de quatro dólares, mesmo que aquilo me matasse. No calor da minha decisão, eu podia me ver morrendo sobre o gramado, a Condessa inclinada sobre mim, estendendo-me quatro dólares com uma lágrima nos olhos, implorando-me perdão por ter pensado que eu não seria capaz de fazer aquele trabalho.

Foi em meio a esse estado febril, numa quinta-feira à noite, quando eu estava tentando esquecer a frustração daquele dia e dormir um pouco, que a verdade bateu em cheio sobre mim. O golpe foi tão forte que eu me sentei ereto, meio em choque na minha empolgação. Era o trabalho de cinco dólares que eu precisava fazer; não o de quatro! Eu tinha de fazer o trabalho que ninguém mais conseguia fazer, porque era impossível.

Eu tinha consciência total das dificuldades que enfrentaria. Eu precisava, por exemplo, fazer alguma coisa com relação aos montículos de minhocas no gramado. A Condessa podia nem tê-los notado de tão pequenos que eram, mas eu, com meus pés descalços, os conhecia bem. Eu poderia continuar aparando as bordas do jardim com o tesourão, mas eu sabia que o trabalho de cinco dólares exigia que eu alinhasse cada borda com uma vara-padrão e a aparasse com precisão, usando uma lâmina afiada.

Na quinta-feira seguinte eu comecei o trabalho aplainando os montículos de minhocas com um rolo pesado. Depois de duas horas fazendo isso, eu estava pronto para desistir. Eram nove horas da manhã e toda a minha determinação tinha se evaporado. Foi só por acidente que eu a recuperei. Sentado debaixo de uma nogueira por alguns instantes, depois de ter acabado a tarefa com o rolo, eu examinei o trabalho feito. O gramado tinha um aspecto tão bom e dava uma sensação tão gostosa sob os pés, que fiquei ansioso para continuar. Mantive em perspectiva essa descoberta revitalizante pelo resto do dia. Eu parava por alguns minutos a cada hora, revisando o que eu tinha feito, e assim recuperava minha força de vontade.

Intercalando com as revisões, eu podei a grama quatro vezes. Duas vezes no sentido do comprimento e duas vezes diagonalmente, até que o jardim ficou com a aparência de um tabuleiro de veludo. Então cavei em volta de cada árvore, desfazendo os grandes torrões e alisando o solo com as mãos; por último, usei a lâmina afiada, calculando meticulosamente cada golpe para dar um efeito perfeitamente simétrico. Cuidadosamente aparei a grama entre as lajotas e a alameda da frente. O tesourão deixou meus dedos em carne viva, mas aquele caminho nunca tivera uma aparência tão boa.

Finalmente, perto das oito horas da noite, estava tudo pronto. Eu estava tão orgulhoso, que nem me sentia cansado quando fui até a porta.

— Bem, quanto foi o trabalho de hoje? — perguntou-me a Condessa.

— Cinco dólares — eu disse, tentando aparentar um pouco de calma e sofisticação.

— Cinco dólares? Você quer dizer quatro dólares, não é? Eu lhe disse que um trabalho de cinco dólares era impossível.

— Não, não é — eu disse. — Já está feito.

— Bem, meu rapazinho — ela exclamou. — O primeiro trabalho de cinco dólares da história merece que eu o aprecie.

Caminhamos juntos pelo gramado à luz noturna, e até mesmo eu fiquei surpreso com o que tinha feito.

— Rapazinho — ela me disse, pondo a mão sobre o meu ombro. — O que, em toda a face da Terra, o fez realizar uma coisa tão louca e maravilhosa?

Eu não sabia dizer o porquê. Mesmo se eu soubesse, não conseguiria explicar.

— Eu acho que sei como se sentiu quando essa idéia apareceu pela primeira vez na sua cabeça. — continuou ela. — A idéia de tratar de um gramado de um modo que eu lhe disse ser impossível. Da primeira vez em que surgiu, ela o deixou muito feliz, depois o assustou um pouco, não foi?

Ela pôde ver pelo meu ar de surpresa que tinha razão.

— Sei como se sentiu, porque é o que acontece com quase todo mundo — ela disse. — As pessoas sentem esse súbito arrebatamento que as faz querer realizar alguma coisa

grande. Sentem essa felicidade maravilhosa, mas então isso passa porque elas dizem a si mesmas para deixar isso de lado porque é impossível.

Embora eu não saiba quem é o autor dessa história, ela mexeu comigo quando a li pela primeira vez. Acho que ela diz muito a respeito da origem da motivação. Sempre que alguma coisa em você diz que algo é impossível, lembre-se de examinar cuidadosamente a situação para ver se não é Deus, pedindo que você avance um centímetro, um metro ou um quilômetro, para ter uma vida mais completa.

Você tem capacidade para fazer um trabalho de cinco dólares, mas não existem garantias. Você pode vencer, ou perder. Há uma oportunidade de ir além ou para ser grande, e ela surge nas mais variadas formas, condições e tamanhos, mas tudo depende de você!

Não existem esquemas para ficar rico. Existem apenas boas idéias, uma abordagem moderada e trabalho pesado.

Sonhadores

No decorrer da sua vida, vão aparecer pessoas com fórmulas de como ficar rico da noite para o dia. Vão tentar atraí-lo para um investimento que, segundo alardeiam, é sucesso garantido e não requer nenhum esforço da sua parte — dinheiro fácil. Elas podem lhe oferecer desde uma ponta de estoque até uma informação confidencial de uma empresa que vai se dar bem.

Na época do *boom* do petróleo, eu costumava receber uns cinco telefonemas por semana de pessoas que queriam me apresentar um "negócio da China".

— ... Há um poço de petróleo bem próximo de onde estamos perfurando e ele está produzindo mil barris por dia — eles me diziam.

— Vocês não têm parentes, amigos? — eu lhes perguntava.

— Bem, temos.

— Alguma vez você já me encontrou pessoalmente?

À sua resposta negativa, eu lhes dizia,

— Então, por que razão vocês querem me presentear com esse "negócio da China", quando têm parentes e amigos que poderiam lucrar com ele?

Há muitas espécies de sonhadores — um é o empreendedor que acredita em esquemas para ficar rico porque ele quer acreditar num modo fácil de conquistar fortuna e sucesso. Existem pessoas que querem falar sobre sua trajetória rumo à prosperidade. Elas dirão que querem ser milionárias, mas não querem trabalhar para tornar isso uma realidade.

E existe o outro tipo de sonhador. Esse tem uma visão, um desejo, um objetivo que quer alcançar. Mas ele não fica só falando sobre isso ou tentando conseguir que outras pessoas realizem esse sonho para ele. Ele quer investir tempo, esforço, trabalho, todo e qualquer dinheiro que tenha e até fazer sacrifícios para tornar esse sonho realidade. Ele não está atrás de ninguém para fazer o trabalho por ele ou para investir todo o dinheiro em sua idéia.

Esse sonhador tem em mente uma boa idéia ou um objetivo profissional. Ele desenvolve um plano para atingir esse objetivo. Ele é otimista e pensa positivamente. Ele ACREDITA em si mesmo e em seu sonho. Ele está pronto para deslanchar e transformar esse sonho em REALIDADE. Mas, com freqüência, o plano vai por água abaixo se o sonhador não se ativer a ele e não quiser pagar o preço. Os sonhos só se tornam realidade quando a mágica do comprometimento está por trás de todo esforço para a sua realização.

Realizadores

Há uma quantidade incrível de sonhadores vagando por aí. Como o primeiro exemplo mostrou, nem todos os sonhadores são realizadores. Um realizador tem um sonho e uma visão. Ele estabelece objetivos realistas e etapas para conquistar o sucesso. Isso não quer dizer que ele só estabeleça metas que SABE que pode atingir. O realizador estabelece objetivos grandiosos, mas que não estão completamente fora de alcance. Ele sabe que está correndo o risco de falhar, mas isso não vai detê-lo.

O máximo da realização vem do desejo e da determinação. A aptidão para atingir a excelência vem de dentro. O corredor de curta distância ganha a corrida nos últimos dezoito metros. Enquanto os outros perdem velocidade, ele mergulha dentro de si mesmo e extrai dali aquela pequenina dose extra de adrenalina que vai fazer a diferença. O realizador é aquele que faz, que põe a mão na massa.

A busca pelo conhecimento e pelo desenvolvimento pessoal é um ritual diário entre os realizadores. Os vencedores jamais apostam em uma corrida, a menos que estejam participando dela. Eles não dependem de mais ninguém para vencê-la para eles; eles querem se inteirar do modo como a corrida é disputada.

A oportunidade de deixarmos uma herança, lembrada muito tempo depois de termos partido, está fora do alcance da maioria de nós. São poucas as pessoas que conseguem realizar esse feito. Essas pessoas ou são extremamente talentosas ou têm muita sorte ou dedicam muitas horas de esforço incansável a uma tarefa ou missão a fim de alcançar um objetivo ou dar uma contribuição a uma causa digna de nota.

Seja um realizador, não um falador

Muitas vezes estabelecemos uma meta grandiosa para nós mesmos. Nós nos convencemos de que podemos fazer uma coisa em particular e nos determinamos a realizar nosso objetivo. Algumas vezes sentimos que é importante deixar que todos saibam da nossa ambição.

E a realidade, qual é? Há ocasiões em que a nossa boca sobrecarrega a nossa mente e nos descobrimos em meio a um empreendimento que não se revela tão fácil quanto julgávamos. Às vezes falamos rápido demais. Então, por questão de tempo ou por algum outro motivo, as responsabilidades familiares ou extrafamiliares interferem na nossa liberdade para concluir ou realizar a atividade necessária para cumprir o que disséramos a todo mundo que faríamos.

Podemos também descobrir, com o tempo, que não desejamos aquela incumbência tanto quanto imaginávamos a princípio. Nossa motivação e nosso comprometimento diminuem. Isso nos deixa constrangidos por ter de reconhecer o nosso erro ou com a obrigação de inventar desculpas para explicar por que não podemos fazer aquilo que tínhamos dito que faríamos.

Se você tem uma idéia, um compromisso ou um objetivo, a melhor coisa a fazer é resistir à tentação de alardear suas intenções. Continue incentivando a si mesmo, mas atinja primeiro o seu objetivo, depois fale sobre ele.

Aqueles que vão até o fim
E têm entusiasmo para repetir o feito,
Não precisarão tentar impressionar os amigos
Porque estes farão isso por eles.
Mas, se nos limitamos a falar,
Mostrando relutância para percorrer o caminho,
Aquilo que sai dos nossos lábios
Não será ouvido como um projeto viável,
Apenas como o desperdício de um tempo valioso.
Porque aquilo que eles querem não passa de uma idéia na cabeça.

OGB

Resistência ou Tenacidade

"Se você não for preguiçoso nem medroso, poderá realizar muita coisa."

Um verdadeiro empreendedor sabe que pode haver dificuldades ao longo do caminho, mas ele não vai desistir. Um verdadeiro realizador não é preguiçoso. Ele resiste à tentação de render-se à exaustão do trabalho árduo e do comprometimento necessários para a concretização do seu sonho. Um grande atleta, que está tão cansado que facilmente seria levado a abandonar a competição ou desistir, em vez disso precisa extrair de dentro de si aquela reserva interior e adotar o lema: "Quero ser um vencedor". É mais fácil desistir, mas o vazio que isso causa nunca vai abandoná-lo completamente, porque você sabe que não deu tudo o que podia dar e não se dispôs a pagar o preço.

Faça você mesmo a sua profecia! Diga que vai fazer e, então, "faça"!

O poeta Edgar B. Guest define trabalho árduo e tenacidade do seguinte modo:

Não podia ser feito

Alguém disse que aquilo não podia ser feito,
Mas ele, com um risinho, replicou
Que "talvez não pudesse", mas que ele seria aquele
Que não diria isso até ter tentado.
Então ele se dedicou com afinco, carregando uma sombra de sorriso
No rosto. Se estava preocupado, não deixou transparecer.
Começou a cantar enquanto se dedicava à tarefa
Que não podia ser feita, e a fez.
Alguém zombou: "Ora, você nunca vai fazer isso;
Pelo menos ninguém fez até então";
Mas ele tirou o casaco e arrancou o chapéu,
E a primeira coisa que soubemos é que ele tinha começado.
Com um alçar do queixo e um ameaço de sorriso,
Sem nenhuma dúvida ou sutil enganação,
Começou a cantar enquanto enfrentava a tarefa
Que não podia ser feita, e a fez.
Milhares lhe dirão que isso não pode ser feito,
Milhares profetizarão o fracasso;
Milhares lhe apontarão, um a um,
Os perigos que vão assaltá-lo.
Mas dedique-se com afinco e um meio sorriso,

Tire o casaco e arregace as mangas;
Apenas comece a cantar enquanto enfrenta a tarefa
Que "não pode ser feita", e você a fará.

Outro antigo ditado que os sonhadores realizadores costumam seguir é: "Não existem problemas, apenas oportunidades para se fazer correções". Quando as coisas não seguem o rumo que gostaríamos, podemos tomar duas atitudes: Parar de tentar e desistir ou usar nossa melhor jogada e seguir em frente. Podemos procurar pelas "oportunidades" viáveis para corrigir os problemas que foram detectados.

Em muitas cidades pequenas, alguns comerciantes viram a chegada das grandes lojas de departamento como um problema em potencial. É muito difícil para um pequeno comerciante competir com uma grande loja de departamentos. Entretanto, vários pequenos comerciantes sentiram-se desafiados a encontrar meios de obter lucro. Usando a criatividade, fazendo pesquisas e procurando por "oportunidades" que as grandes lojas não poderiam oferecer — coisas como atendimento personalizado, conhecimento do produto, pedidos especiais ou sob encomenda —, muitos deles foram bem-sucedidos e vários centros comerciais de cidades pequenas estão prosperando. O segredo é encontrar um nicho e aperfeiçoá-lo.

Não desista

Quando as coisas não forem bem, como às vezes acontece,
Se a estrada em que está se arrastando parece uma ladeira sem fim,
Quando as reservas estão baixas e as dívidas altas,
E você quer sorrir, mas tem de soluçar,
Quando a preocupação deixa seu moral baixo,
Descanse se for preciso, mas não desista!
O sucesso é o fracasso do avesso,
É a tinta prateada das nuvens da dúvida,
E você nunca pode dizer o quanto está perto,
Você pode estar próximo quando parece longínquo.
Assim, lute com mais ardor quando for duramente atingido.
É quando as coisas dão errado que você não pode desistir!

(Autor desconhecido)

Tenha sonhos realistas — Estabeleça um prazo

Mesmo com grande esforço, determinação e um otimismo indestrutível, os sonhos às vezes não se tornam realidade. É maravilhoso ter um sonho e um plano para tornar esse sonho uma realidade. Entretanto, também precisamos saber quando as coisas não estão dando certo. Temos de estar prontos para ser flexíveis se o nosso sonho começar a se desmantelar.

O mundo do entretenimento é um bom exemplo. Essa indústria constantemente deixa em seu rasto gente que não desiste nunca, que se empenha a maior parte da vida para ficar nesse ramo, à procura daquela grande oportunidade.

A maioria ganha pouco e vive em meio à escassez porque não quer ser flexível. Eles armam negócios, comparecem a uma entrevista após outra e são recusados na mesma proporção, mas ainda assim eles insistem, vivendo na esperança de um dia ver chegar sua "grande oportunidade".

Infelizmente, isso raramente acontece. Entendo como devem se sentir, já estive nessa situação. Eu sonhava em participar do ramo do entretenimento, com um projeto ou negócio absolutamente viável, que eu tinha certeza de materializar no dia seguinte. Mas logo percebi que isso só acontecia para poucos; para um ou dois por cento, talvez. Eu ainda gosto da área do entretenimento, dos contatos e oportunidades que às vezes cruzam o meu caminho. Mas, como eu disse, descobri cedo que isso não iria garantir meu sustento. Ainda é uma parte da minha vida, mas não é TODA a minha vida. Descobri outras formas de ter sucesso e ser feliz.

Ser realista é difícil. A fim de não desperdiçar um tempo precioso da vida, é importante não só ter um objetivo, mas também um prazo. Precisamos trabalhar com afinco e nos dedicar totalmente, mas também precisamos estabelecer um limite de tempo realista para alcançar o sucesso numa área ou num negócio.

À medida que a sua vida passa, os seus desejos e necessidades mudam. As suas ambições e objetivos precisam, portanto, ser bem pensados, realizáveis, práticos e *ter prazo certo para ser concluídos.*

Lute para ser o melhor

A mediocridade baseia-se no pensamento negativo.

Nós todos temos altos e baixos na vida. Esses altos e baixos atingem os níveis que nós lhes permitirmos.

As pessoas bem-sucedidas descobrem um modo de fazer esses altos e baixos nivelarem-se. Se conseguir que os picos não sejam altos demais e que os vales não sejam tão profundos, você carregará menos peso. Tente manter-se estável e você vai ser mais bem-sucedido e produtivo.

É uma batalha constante conservar uma disposição de espírito positiva. O desafio é não ficar extenuado com essas reviravoltas e fracassos. Lide com eles como você lida com o sucesso. Se você não fortalecer constantemente sua atitude positiva, sua disposição diminui e você percebe que a depressão o imobilizou. Os maiores agentes sabotadores de qualquer projeto diário ou ambiente de trabalho são os níveis de *stress* e os sentimentos negativos que deixamos que se insinuem em nossa mente. O exercício físico já provou ser um excelente redutor do *stress*, mas você também precisa exercitar a mente com pensamentos positivos para poder lutar contra os dragões dos sentimentos negativos e da tensão.

Você precisa aceitar que a negatividade é um fator real e não vai desaparecer. Um problema é de fato um *problema* até você começar a procurar por uma possível solução, então ele se torna uma oportunidade de fazer uma correção. A oportunidade de fazer uma correção é um modo positivo de abordar uma situação negativa. É tudo uma questão de pensamento e percepção. Se você sentir o problema como se ele fosse um dragão invencível, então ele vai devorá-lo e você vai ter um péssimo dia.

Alguns problemas não podem ser superados, mas precisamos ser espertos o suficiente para perceber quando não podemos fazer nada com respeito a determinada situação. Temos de ser capazes de reconhecer quando o problema é muito grande, exerce demasiado controle sobre nós e precisamos deixá-lo de lado e conseguir ajuda. Se o problema for intransponível, reconheça isso e siga adiante. Se não puder lidar com ele, arrume alguém que seja capaz disso. Não tenha medo de pedir ajuda.

O sucesso é despachado em pequenos frascos. A mediocridade é despachada em vagões.

Como diz a afirmação acima, a mediocridade, infelizmente, é mais comum do que a excelência. O preço da mediocridade é a vergonha. A mediocridade é indesculpável. Quando você opta pela mediocridade, paga um preço alto pelo resto da vida.

O maior problema encontrado no mundo dos negócios é que muitos executivos estão tão voltados para o próprio ego, que julgam não ter mais nada a aprender. Eles acabam perdendo o emprego ou sendo rebaixados porque não têm as qualidades para executar determinadas tarefas e são teimosos demais para admitir que precisam pedir ajuda. Algumas vezes, mesmo quando pedem ajuda, eles não estão querendo seguir em frente e aprender os requisitos exigidos para auxiliá-los a atingir seus objetivos.

Tive um amigo que era diretor financeiro de uma companhia. Seu objetivo era tornar-se CEO. O problema era que essa vontade não era forte o suficiente para que ele fizesse algumas mudanças em seu modo de trabalhar. Nesse caso específico, era preciso que ele adquirisse alguma aptidão para lidar com as pessoas. Nós dois conversávamos freqüentemente sobre seus objetivos. Embora fosse um especialista em finanças, sua capacidade para relacionar-se com as pessoas com quem convivia podia ser considerada, na melhor das hipóteses, limitada. Eu o adverti com relação a isso, dizendo-lhe que, enquanto todas as pessoas associadas a ele não o quisessem como diretor-geral e até que conseguisse a admiração e o respeito deles, ele não alcançaria seu objetivo. Eu lhe sugeri meios de adquirir as habilidades de que necessitava. Encorajei-o a freqüentar cursos que o ajudariam a melhorar sua capacidade de se relacionar com as pessoas. Expliquei-lhe que seus associados não precisavam *gostar* dele, mas tinham de acreditar em suas aptidões e respeitá-lo o suficiente para crer que ele poderia lidar com as responsabilidades da posição melhor do que qualquer outra pessoa.

Um bom CEO ajuda todo mundo a fazer melhor seu trabalho. Ele incentiva todos a aprimorarem suas aptidões, estabelecerem metas e lutarem para atingi-las. Um bom CEO é um mentor. Meu amigo tinha potencial. Ele era inteligente. Infelizmente não estava disposto a fazer uma avaliação honesta de si mesmo, fazer os ajustes necessários e desenvolver as aptidões exigidas para ter o respeito de seus subordinados e de seus colegas de trabalho. Nem é preciso dizer, ele não só não conquistou o cargo de CEO como acabou por deixar a empresa.

Um fracasso é realmente um fracasso se você fez o melhor que pôde? De jeito nenhum! O fracasso vai acontecer, mesmo para as pessoas bem-sucedidas. O fracasso acontece quando você não quer dar o melhor de si e fazer o esforço necessário para atingir sua meta.

No filme *Rudy*, um rapaz vai a Notre Dame para jogar futebol americano e dá um jeito de só fazer parte do time reserva. Durante quatro anos ele treina fielmente com o resto do time. Ele dá o máximo de si mesmo, mas nunca chega a jogar. Então, no jogo decisivo em seu último ano, o treinador o manda para dentro do campo. É só para participar de duas jogadas, mas ele joga. Rudy era um fracassado? Na minha opinião, não. Ele trabalhou muito e não desistiu. Não era um grande jogador de futebol e, de certa forma, no íntimo, ele sabia disso, mas fez o melhor que pôde. Sua determinação e vontade fizeram dele um vencedor por si mesmo.

Como uma autoridade (evidentemente) autoproclamada em padrões de comportamento humano, é com grande sabedoria, discernimento e perspicácia que eu sugiro que muitas influências atuam sobre o nosso comportamento. Uma variedade de sentimentos, como medo, prudência ou incerteza, pode fazer com que a mente conduza o comportamento de uma forma menos apropriada ou sensível. O egoísmo e o ciúme são duas emoções que precisam ser cuidadosamente controladas.

Você não recebe créditos pelo que faz. Outra pessoa tem mais sorte ou é promovida. Um companheiro de trabalho ganha o reconhecimento ou os cumprimentos por alguma coisa que não é, nem de longe, tão importante quanto aquilo que você fez. Qual a vantagem de você se esforçar tanto se isso não lhe traz nenhum proveito e ninguém presta atenção em você ou lhe dá valor? Por que você sempre fica com as indicações mais insignificantes? Você fez todo o serviço e eles nem ao menos mencionaram o seu nome quando fizeram os agradecimentos. Você só teve 3% de aumento e eles tiveram mais. Eles só gostam dela porque ela tem boa aparência...

Esses pensamentos e comentários são todos negativos e a negatividade é alguma coisa que precisa ser totalmente eliminada de seus padrões comportamentais e de pensamento. A negatividade é uma doença que corrói e arruína. Ela entra em sua corrente sangüínea e destrói os organismos positivos. A negatividade é irresistível e esmagadora. A positividade é reanimadora e de fácil convivência. Ela se reproduz rapidamente e pode apagar todos os aspectos negativos.

Certamente as coisas fora do seu controle podem contribuir para que você não alcance as realizações que espera. Assumir uma postura positiva e decidir que você vai fazer o melhor diante das circunstâncias que pode controlar vai ajudá-lo a estabelecer suas próprias ambições. Se você conhecer suas limitações, então será capaz de julgar seu nível de ambição. Se quiser exceder seus limites, e você pode, isso partirá do seu coração, de sua cabeça e de sua determinação.

O "trabalho de cinco dólares" do começo do capítulo pode ser aplicado a todas as situações que enfrentar na vida. Há sempre uma oportunidade de melhorar. Há sempre a chance de desempenhar ou fazer um pouco melhor do que fez antes. A possibilidade de aprender e realizar é fenomenal e infinita.

Se você se contenta com realizações medíocres e isso é tudo o que espera porque gosta da sua vida do jeito que ela é e acha que cada coisa está em seu devido lugar, tudo bem, também. Tudo se resume em saber exatamente o que você quer. Você é obstinado o bastante, determinado o suficiente, tem disposição suficiente para trabalhar arduamente a fim de atingir seu objetivo? Pode ser que nem sempre você chegue ao patamar que deseja, mas se tem a disposição de espírito certa, você vai alcançar algum nível de realização e sucesso. Algumas pessoas miram as estrelas. Algumas erram e acertam a Lua.

Se você continuar a aumentar seus conhecimentos, a aperfeiçoar suas aptidões e tornar-se bom naquilo que faz, mesmo que o mercado de trabalho atual seja altamente competitivo, você sempre será procurado, seja como executivo, seja como funcionário.

Empenhe-se para ser o melhor

Você deve ser o tipo de pessoa que se empenha para ser o melhor.
Para viver cada dia com toda energia, combinando o trabalho com diversão.
O modo como criamos o nosso destino nos deixa com ou sem nosso sonho.
As frustrações e a labuta de cada geração começam em nossos genes.
O que você deseja alcançar em sua passagem pela vida?
Mediocridade, superioridade ou apenas ver o tempo passar?
Lembre-se, quaisquer que sejam seus planos, eles precisam começar em sua mente.
Enquanto plantamos a semente e a nutrimos de sol a sol,
Avaliamos o modo como fazemos nosso trabalho e se a batalha está ganha.

Nenhuma garantia do resultado final vai cair aos nossos pés.
O trabalho árduo você disse, e eu repito, o trabalho árduo gratifica a proeza.
Nunca estive tão certo quanto a uma das recompensas que a vida nos dá,
Como quando me olho nos olhos e sei que trabalhei com tanto afinco.

A realidade se mostra como sempre se você controlar seu tempo.
Nós perdemos um pouco se casualmente paramos em busca da rima.
As coisas que perdemos remoendo as coisas; o tempo da reflexão é valioso.

É fácil passar por um espelho e parar para admirar a vista,
Ou falar sobre as coisas que passaram com uma pessoa ou duas,
Que alegremente usarão o tempo ocioso para ignorar o trabalho que deveriam estar fazendo,
Em vez de ajudar você, elas podem estar jogando fora todo o seu ser.

(OGB)

Sacrifício

O preço do sucesso é alto, ele pode trazer muita dor. Pode exaurir sua saúde. O preço do sucesso pode custar-lhe muitas horas. O preço do sucesso vai fazer você se concentrar em adquirir conhecimento e treinar suas aptidões até ser capaz de fazer tudo corretamente. O preço do sucesso algumas vezes vai lhe causar preocupação em casa. Pode impor uma pressão intolerável à sua família. Pode fazer com que você perca amigos ou sacrifique sua vida social. Pode interferir em suas atividades religiosas, comunitárias ou recreativas. Pode até levar ao divórcio. O sucesso pode ter um preço excessivamente alto. Considerando os sacrifícios que você terá de fazer, o que há de tão extraordinário em alcançar o sucesso? Acontece que o preço do fracasso pode ser ainda mais alto. Pelo sucesso, você paga apenas temporariamente; mas pelo fracasso, você paga durante o resto de sua vida.

Embora haja sacrifícios, há também benefícios. Existe, é claro, a recompensa financeira, mas o sucesso não diz respeito apenas ao dinheiro. O sucesso está ligado ao rejuvenescimento do seu eu interior, à vitalidade da realização, à satisfação íntima de ter alcançado uma meta. Dizer que vai fazer e então "fazer". A força mental para realizar o esforço para sermos os melhores naquilo que fazemos. As conseqüências são muito menos ameaçadoras do que o reconhecimento, a realização e a gratificação pessoal que advêm do fato de você estar dando o melhor de si. O impulso para ser o melhor porteiro, pianista, contador, promotor, médico, professor, piloto ou torneiro mecânico; a orientação para "ser tudo o que você pode ser" diz que vale a pena o sacrifício.

O preço do sucesso é o tema principal, mas as circunstâncias também podem ser alvo de debate. Se começou a trilhar um caminho de realização e esse caminho ficou complicado e precisa de atenção, você é desafiado a reassumir o controle. Algumas vezes você se vê impedido de avançar porque foi longe demais para voltar e a única alternativa é seguir em frente e criar uma saída. Quando isso acontece, em vez de você estabelecer o quanto quer investir na sua meta, é ela quem passa a ditar as regras. Se investir menos do que o necessário, você fracassa. Essas complicações nos negócios podem roubar seu tempo e o impedir de se dedicar a outras coisas importantes da sua vida, à sua família, ao convívio com os amigos e ao serviço comunitário. O que muitas pessoas não percebem é que, depois que desenvolvem um projeto ou abrem uma empresa, elas podem não ter mais controle sobre eles; em vez disso, eles podem controlá-las. Muitas vezes é possível delegar tarefas para outras pessoas, mas, não importa o quanto você saiba delegar, a menos que a pessoa a quem você fez isso tenha interesse ou uma forte motivação para ser bem-sucedida, ou tenha uma participação pessoal no negócio, é provável que ela nem sempre persista e faça o necessário para que o trabalho seja realizado. Quando os outros fracassam, a única pessoa que consegue pegar a bola e partir para o gol é você. O ataque tem de ser finalizado e, se você não quiser ver anos de luta, esforço e realização descendo pelo ralo, então tem de concluir a jogada.

Um trabalhador diligente nunca baixa sua guarda, nunca adota uma atitude negligente com relação a qualquer aspecto do negócio

Não espere que lhe dêem muitos créditos pelos sacrifícios que você faz. Uma pessoa que tenta seguir a filosofia do "eu ganho, você ganha, todos ganham" com relação à família ou aos sócios, durante todo o tempo e em todos os níveis, com certeza os está enganando. Não é assim que as coisas acontecem.

Fiz um esforço honesto e sincero para estar presente em todas as situações ou acontecimentos especiais para os membros da minha família enquanto eles cresciam. Tentei manter um tempo livre para eles. Fazia isso acumulando muito serviço num dia só. Se eu estivesse viajando, eu começava cedo, trabalhava o dia inteiro e o que eu fazia era, basicamente, concluir em dois dias o que deveria ser feito em cinco. Eu fazia isso porque era importante para mim dar à minha família o tempo necessário.

Às vezes minha família não percebe o quanto eu trabalhei duro para poder estar presente nas ocasiões especiais. Explicar o sacrifício é quase o mesmo que elogiar a si mesmo e ninguém acredita nisso. O fato é que, não importa quanto "tempo de qualidade" você passe com a família, ele só vai ser encarado dessa forma se você estiver com eles quando eles quiserem que você esteja. O horário deles pode ser o único que eles entendam e, se o seu tempo não coincidir com o deles e você não estiver disponível quando *eles* quiserem que esteja, você certamente vai ser criticado.

Arranje tempo para as coisas que são importantes

Correndo o risco de parecer incoerente, peço que você arranje tempo para as coisas que são importantes para você. Essas coisas podem ser *hobbies*, a família, os amigos, a igreja ou o que for. O sucesso realmente se alcança com sacrifício, mas eu me lembro de que certa vez alguém me disse: "Nunca conheci alguém que, em seu leito de morte, tenha dito: 'Gostaria de ter passado mais tempo trabalhando'".

Tudo é uma questão de perspectiva. Quando eu era jovem, os mais velhos me diziam que a vida passa rápido e que eu deveria aproveitá-la enquanto pudesse. Agora que eu sou um senhor, compreendo o que eles queriam dizer e me vejo dizendo aos mais jovens a mesma coisa.

Você já conheceu alguém que correu o risco de morte ou teve alguém próximo que viveu essa experiência? Normalmente isso causa mudanças na personalidade.

Há alguns anos, fiz uma viagem com amigos para fazermos uma pescaria. Estávamos voando para o nosso destino, em grupo, em dois aviões bimotores antigos. A viagem sofreu atrasos por causa do tempo e por causa disso fomos obrigados a pernoitar em Del Rio, no Texas. Cedo, na manhã seguinte, partimos. Quando o avião em que eu estava levantou vôo, olhei para baixo pela janela e vi horrorizado o segundo avião cair no momento da decolagem.

Imediatamente voltamos ao campo de aviação. Corremos até o avião acidentado. Felizmente, nossos amigos sofreram apenas ferimentos leves, entretanto, todos eles sofreram uma mudança permanente. Eles agora enxergam a vida de uma maneira totalmente diferente. Suas prioridades já não são as mesmas.

O que é que estou tentando dizer aqui? Faça o melhor que puder para arranjar tempo para as coisas importantes em sua vida e mantenha essas coisas, tanto quanto possível, separadas de seus negócios. As coisas simples da vida são muitas vezes as mais gratificantes. Parar para sentir o perfume de uma rosa pode não causar uma reviravolta na sua vida, mas pode fazer com que você perceba que as crianças crescem rapidamente, o tempo voa, estamos nesta vida por um tempo relativamente curto e você precisa arranjar tempo para usufruí-la.

Confiabilidade

Nunca me canso de enfatizar a importância da confiabilidade. Já ouvimos os militares dizerem: "Línguas soltas afundam navios". Em muitos casos, você consegue promoções ou atenção por sua capacidade de ser um bom confidente e guardar informações para você.

As pessoas gostam de fazer fofoca e falar a respeito dos outros, especialmente no local de trabalho. São muito poucas as pessoas que realmente conseguem manter uma informação confidencial onde trabalham. A confiabilidade pode se tornar um grande fator de sucesso e é uma coisa em que você deve pensar seriamente.

Para mim, sempre foi importante não trair uma confidência pessoal. Quando eu era jovem, Arawana, minha prima, morava conosco porque seus pais tinham morrido. Ela costumava me levar ao cinema. Algumas vezes ela deixava um rapaz acompanhá-la na volta para casa. Evidentemente, eu estava com eles e ela sabia que minha mãe não aprovaria o fato de ela estar andando com o rapaz. Ela me dizia: "Não conte nada para a sua mãe" e eu nunca disse uma palavra. Aprendi desde cedo que a confiabilidade é alguma coisa que atrai respeito e admiração.

Infelizmente, a confiança é quebrada com freqüência. Você sabe como isso acontece. Você conta a seu melhor amigo um segredo e lhe pede: "Por favor, não conte nada a ninguém". Então, por sua vez, ele tem uma conversa confidencial com alguém em quem confia e diz: "Preste atenção, vou lhe contar isso, mas não repita para mais ninguém". Considerando o número de vezes que a história foi contada, seria melhor tê-la publicado no jornal.

Há mais coisas em jogo quando lhe pedem para manter uma informação de negócios em segredo e não uma informação pessoal. Quebrar o sigilo quando se trata de negócios pode trazer problemas legais. A quebra de confiança pode destruir uma negociação.

Se você é conhecido como uma pessoa de confiança, seus chefes e colegas terão um respeito enorme por você. A confiança não é negociável. Você precisa confiar nas pessoas com quem se relaciona profissionalmente todos os dias, e eles precisam confiar em você.

Cuidado com as fofocas! A quantidade de intrigas com que deparei é estarrecedora. As histórias que correm a meu respeito têm atingido uma proporção astronômica, tanto as que se referem aos meus negócios quanto à minha vida particular. Meias-verdades, mentiras, insinuações e completas invencionices chegaram a ser, em muitos casos, grotescas. Muitas foram maldosas, exageradas ou relatadas de forma incompleta, mas a maioria delas era inverídica e injustificada. Fique atento porque o preço do sucesso é também tornar-se alvo de mexericos.

Quanto mais trabalhar, mais valor você vai ter

Não importa onde você viva, independentemente de sua localização geográfica ou da complexidade do mercado de trabalho, independentemente do que vai ser exigido para se conseguir um emprego neste século, a procura por bons empregados é permanente. Um empregado de confiança, produtivo, honesto, eficiente, organizado, cordial e agradável será sempre requisitado, não importa o quanto o mercado de trabalho atual esteja retraído.

A postura ética que exigia trabalho árduo parece haver mudado muito nos últimos cinqüenta anos. Hoje, muitas pessoas acham que têm emprego garantido apenas por contarem com um determinado grau de instrução ou porque conhecem alguém influente.

O fato é que o mercado deste século vai ser muito exigente e competitivo. Já está trilhando esse caminho. Vai ser difícil conseguir um emprego que pague um bom dinheiro, inclua benefícios e outras compensações que as pessoas costumam esperar.

Trabalhar com afinco é um imperativo caso você vá começar um negócio, e trabalhar arduamente é uma necessidade se você deseja ter um bom emprego. Se você se dedicar ao seu trabalho e adquirir conhecimento e capacitação que aumentem seu valor, você será requisitado porque é um componente do ativo para qualquer empregador. Você precisa ser um realizador. A busca do conhecimento e do aprimoramento pessoal é uma rotina diária entre os realizadores.

Para onde você deve olhar para ver o seu futuro? Eu lhe dou uma sugestão: para o *espelho*!

2

Como o Trenzinho que Podia...

Você conhece aquela historinha infantil sobre o trenzinho que conseguia subir a ladeira porque repetia: "Eu acho que posso, eu acho que posso"? Para alcançar qualquer tipo de sucesso é preciso ter auto-estima e confiança para crer em sua capacidade de realizar o trabalho. Do mesmo modo que o trenzinho, sua determinação precisa ser forte e estar pronta para ser posta à prova.

Quando for abordar seus projetos e metas a longo prazo, lembre-se de que todas as coisas devem ser levadas em conta. Pense no que precisa fazer, no que deve fazer e, o mais importante, no que você ***quer*** fazer.

O que é autoconfiança?

Autoconfiança é a disposição para acreditar na própria capacidade de se pôr em ação e realizar seus objetivos. Se você acha que pode, você consegue. Se achar que não pode, não vai conseguir.

O primeiro passo quando vamos fazer qualquer coisa é ter confiança, antes de começar, de que somos capazes de fazer o que nos propomos. Se ao começar uma corrida de dois quilômetros, você tentar divisar o ponto de chegada, o caminho vai lhe parecer muito longo. Provavelmente, você vai achar que não vai conseguir acabar o percurso. Entretanto, se você disser: "Vou enfrentar este desafio por tanto tempo quanto conseguir e vou olhar apenas um quarteirão por vez", a perspectiva muda. Quando você chegar no final do primeiro quarteirão, provavelmente vai pensar: "Ora, acho que consigo correr mais um". Quando estiver correndo o segundo, você pode estar meio extenuado e começar a ser assediado por pensamentos negativos do tipo "Eu não vou conseguir". Você será capaz de pensar em milhares de desculpas e motivos para parar e descansar, mas esse é o momento exato em que você descobre até que ponto sua autoconfiança e determinação são fortes. Dá para correr mais um quarteirão ou um pouco mais? Se você realmente desejar isso, você consegue.

A verdade é que podemos e somos capazes de fazer mais se acreditarmos em nós mesmos. Podemos treinar a nossa mente para nos convencer de que somos mais fortes do que pensamos, mais espertos do que nos julgamos — na verdade, somos capazes de fazer quase tudo a que nos dispusermos.

Porque acredito em mim

Porque acredito em mim, eu sou forte.
Porque acredito em mim, eu vencerei.
Porque acredito em mim, eu sei que preciso trabalhar.
Porque acredito em mim, eu aprenderei.
Porque acredito em mim, eu serei melhor.
Porque acredito em mim, eu terei sempre orgulho de mim mesmo.

Aprender sobre si mesmo

Ironicamente, no processo de treinar sua mente, você aprende algo sobre si mesmo como pessoa. Talvez você não corra os dois quilômetros da primeira vez. Mas você não desiste. Você tenta novamente e consegue chegar um pouco mais longe. Tenta outra vez e, então, você chega lá! Você tem que lutar com os mesmos pensamentos todas as vezes. As mesmas razões para abandonar a corrida estão lá. Mas você está usando seus pequenos sucessos com degraus e sua confiança aos poucos está aumentando.

Primeiro dois quilômetros, depois quatro e daí em diante quem sabe? Encarar a negatividade e vencer o desejo de desistir é uma combinação de autoconfiança com o conhecimento de que você consegue realizar objetivos difíceis.

Pequenos objetivos podem se tornar maratonas. Não há ninguém no mundo que se levante um dia e diga: "Acredito que hoje sou capaz de correr uma maratona de cinqüenta quilômetros", e então sai e corre todo o percurso. Tanto faz correr cinqüenta quilômetros, quatrocentos metros ou um quarteirão, tudo começa do mesmo jeito. Um pé na frente do outro, sempre indo um pouco mais adiante, um pouco mais adiante, até cobrir a distância e enxergar a chegada. O bem acabado mecanismo do sucesso, que o faz conhecer e sentir sua realização, vem da cabeça, do coração e do desenvolvimento de si mesmo.

Nossa força interior às vezes não é reconhecida por causa da nossa personalidade e do nosso comportamento. Perdi há pouco tempo uma sobrinha, Patty, que morreu de câncer. Um sobrinho, Gary, morreu em 1986 da mesma doença. A maneira como eles reagiram positivamente à vida enquanto encaravam a morte foi muito enaltecedora para mim. Patty sempre teve uma atitude tão positiva e era tão corajosa que foi uma inspiração para todos nós. Sua irmã, Dellena, sofre de esclerose múltipla e só anda de cadeira de rodas, mas ela também é muito positiva. Ela enfrenta a doença com uma atitude amável e apropriada. Uma outra sobrinha, Dena, nasceu com paralisia cerebral e nunca deixou que isso fosse um empecilho para ela. Ela leva uma vida positiva e completa, tem dois filhos adultos e um neto. Todos os meus familiares, incluindo filhos, sobrinhos e primos, exercem sobre mim uma influência positiva e me servem de inspiração todos os dias. Todos eles confiam em si mesmos e usam essa confiança para superar ou lidar com aquilo que algumas pessoas consideram condições trágicas.

Procuro me lembrar de um velho ditado: "Eu costumava me queixar porque eu não tinha sapatos, até conhecer alguém que não tinha pés". Tento me colocar na posição dos outros antes de condená-los ou criticá-los.

O amor é um gênero
O amor supera o ódio
O amor dura para sempre
Se apenas esperarmos
E não reagirmos excessivamente

Ao impulso repentino
E perder o controle
Sem um bom motivo

Não crie problemas para si mesmo nem pense que você é o único que não é compreendido ou que levou um golpe baixo. A vida é como um jogo de baralho; alguns recebem só cartas boas, algumas pessoas ficam com uma mistura de boas e más e outras ficam com as ruins. Faça o melhor que puder com as cartas que recebeu.

A autoconfiança é uma postura mental positiva e deve fazer parte de sua vida. Há, evidentemente, o perigo inerente de você ser tão autoconfiante que tenha uma visão não realista sobre sua capacidade. Você pode se tornar excessivamente autoconfiante e não ter bom senso ao lidar com a realidade.

Os adolescentes são um exemplo perfeito. Há algo com relação ao período de adolescência que é um verdadeiro paradoxo. Os jovens pensam que já são adultos. Eles querem rédeas soltas para fazer o que desejarem, quando quiserem, com quem quiserem, por tanto tempo quanto desejarem! Eles querem sair com alguém ou namorar firme e vão lutar com os pais pelo direito de fazer isso. O argumento favorito deles é: "Todo mundo faz isso". Se lhes é dada essa liberdade sem freios, eles normalmente entram em situações desgastantes para as quais ainda não têm maturidade. A pressão dos outros adolescentes pode levá-los a práticas inaceitáveis, como beber, usar drogas e praticar sexo. Quando se permite que um adolescente tenha encontros regulares com alguém, normalmente o casal passa muito tempo junto sem a supervisão de um adulto, sendo normal que jovens fogosos tomem decisões que não são regidas pelo cérebro. Nessas circunstâncias, o bom senso, a lógica e a praticidade não nortearão as ações.

Esses jovens muitas vezes tomam decisões que eles sabem ser erradas ou inaceitáveis. Eles se deparam com a frustração, a ansiedade e o esgotamento mental porque sabem que o que estão fazendo não está certo. A pressão que impõem a si mesmos resulta muitas vezes em depressão, na auto-estima prejudicada, ou, em muitos casos, na certeza de que estão fazendo a coisa certa. Mais cedo ou mais tarde, entretanto, percebem que estão tentando lidar com situações para as quais não estão preparados.

A adolescência é o período da vida em que os jovens na verdade preferem que lhes digam o que fazer ou não fazer, para então assumir a responsabilidade por suas ações. Eles precisam de uma linha de orientação e da imposição de alguns limites. Isso alivia a pressão de terem de tomar sozinhos decisões para as quais eles ainda não estão preparados. Parte da tarefa dos pais é ser capaz de assumir a "culpa" por fazê-los diferentes de seus amigos. Eles podem dizer que os "odeiam" durante esse período, mas em algum lugar, bem no íntimo, eles sabem que são amados e que seus pais estão tentando fazer o melhor por eles. Ouço com freqüência: "Quando eu tinha 18 anos, achava meus pais as pessoas mais idiotas do mundo e por isso fui embora de casa. Quando voltei, aos 21, foi impressionante perceber o quanto eles tinham aprendido em três anos. Onde, no mundo, eles poderiam ter adquirido tanto conhecimento? Quando eu cheguei aos 30, meus pais tinham se tornado gênios! Bem, quase".

O ponto a que eu quero chegar é que o excesso de confiança pode levar alguém a colocar-se "em apuros" ao fazer com que expectativas transformem-se em fracassos. Assim, pelo menos ouça o que os outros, inclusive seus pais, estão tentando lhe dizer.

Realidade *Versus* Autoconfiança

Uma linha muito tênue separa a realidade da autoconfiança; do mesmo modo que uma linha muito tênue separa um gênio de um débil mental. Precisamos conhecer nossos limites e ainda elevar continuamente nossos padrões, com base em nosso aprimoramento pessoal, conhecimento adquirido, capacitação, atitude e hábitos.

Classifique aquilo que você é capaz de fazer desenvolvendo um plano de como vai fazê-lo. A autoconfiança vem do desempenho que demonstra a cada passo que você dá para chegar lá.

"Eu me tornarei um supervisor se eu for o melhor operador da empresa. Eu me tornarei um superintendente se eu for o melhor supervisor da empresa. Eu serei vice-presidente da companhia se eu for a pessoa mais instruída, intuitiva, bem preparada e perseverante da empresa. Eu me tornarei o presidente porque vou contar com o respeito dos colegas e com as boas e positivas realizações concretizadas ao longo do caminho."

Descreva em poucas linhas cada uma dessas ambições antecipadamente. Ponha em execução seu plano e, à medida que o segue, continue a mostrar sua sede de conhecimento e um desejo ardente de aprender tudo o que puder. Ficará evidente que você não está ali só de "passagem".

Nosso nível de confiança é determinado por uma postura mental que pode seguir uma tendência positiva, uma tendência negativa ou nenhuma das duas. Você pode verificar os efeitos de cada uma dessas tendências observando as pessoas. A tendência que elas seguem também reflete seus desejos, suas expectativas, até mesmo a razão por que fazem o que fazem com a própria vida. Podemos aprender muito com as pessoas à nossa volta, pedindo-lhes para que nos falem sobre qual o caminho a seguir para que possamos melhorar a forma de sermos recebidos pelas pessoas com quem temos contato. Se elas forem honestas com você, normalmente vão lhe falar sobre alguma coisa na maneira de você se expressar, verbal e fisicamente, de que elas não gostam. Infelizmente, todos nós temos hábitos e traços de personalidade que são desagradáveis para alguém. Nós nem ao menos percebemos que estamos passando uma impressão negativa. **Cuidado:** Certifique-se de que pode aceitar os comentários ou críticas objetivamente. Não é uma boa idéia ficar na defensiva quando estiver ouvindo alguma coisa sobre si mesmo que você não quer ouvir, especialmente quando foi você mesmo que pediu uma opinião!

A pessoa que não acredita em si mesma tanto quanto acredita em qualquer outra pessoa, até mesmo em seus pais, condena-se a carregar uma dúvida sobre sua ambição e capacidade para chegar aos níveis mais elevados de realização. Não é uma pena ver uma pessoa com uma visão tão depreciativa de suas qualidades e que estabelece suas metas abaixo do que poderia realizar com determinação e comprometimento?

Nossa disposição mental é freqüentemente estimulada pela confiança instilada em nós por nossos pais ou pelo ambiente, à medida que crescemos. Muitas crianças são reprimidas ou sufocadas por pais muito severos. Esses pais nunca permitem que seus filhos tenham a oportunidade de explorar sua individualidade. Nossa personalidade precisa ser expressa abertamente de várias e numerosas formas. Os pais devem guiar e orientar a personalidade emergente de seus filhos e, como dissemos antes, podem mesmo precisar controlar as atividades deles até certo ponto, mas não devem jamais abafar a personalidade que está emergindo.

O local de trabalho não é diferente. As personalidades e idéias devem ser cultivadas e estimuladas. Precisamos saber o que vai no íntimo das pessoas com quem trabalhamos. Uma personalidade extrovertida vai ansiar por se comunicar. Uma personalidade problemática ou introvertida pode exigir algum estímulo. Nós, entretanto, precisamos aprender a diferença. Precisamos olhar nossos empregados e associados da mesma maneira que um treinador observa seus jogadores: avaliando sua força e os desafios para então colocá-los onde eles possam produzir os melhores resultados.

Desenvolver o ambiente de trabalho perfeito é um desafio contínuo, especialmente com a mudança de atitude dos funcionários. O que podemos dar e exigir pode ser algo já esperado, mas pouco apreciado. A felicidade é feita de diferentes coisas para pessoas diferentes e, para algumas, beira o ridículo.

O sucesso exige cooperação, comunicação e troca de informações entre todas as partes

O valor transmitido pela autoconfiança, bem definido e realista, é que você pode ser mais eficiente. Ele permitirá que você lide consigo mesmo de diferentes perspectivas. Permitirá também que você tenha uma perspectiva mais ampla e flexível de cada questão ou situação com que depara. Ao mesmo tempo, você estará desenvolvendo um respeito mútuo entre seus colegas e funcionários. Você provavelmente terá um nível de confiança sistemático e equilibrado, tanto no aspecto mental quanto no físico e social. Vai se sentir bem com suas decisões, sugestões e hábitos pessoais. Vai ter mais iniciativa, ser mais assertivo (não agressivo) e responder de modo direto e confiante aos desafios.

Caminhando pela rua, eu me encontrei com um amigo.

— Ei, aonde você vai? — ele me perguntou.

— Estou indo ao velório do Ned.

— O Ned morreu?!

— Não, ele apenas imaginou que, se já tivesse um velório, ficaria livre da cerimônia.

Perguntas cretinas são feitas todos os dias. Não *reaja*, seja *afirmativo*!

Nossa mente controla todos os nossos movimentos e a confiança é sempre muito útil. Entretanto, não se esqueça de que todos nós juntos podemos realizar muito mais do que cada um de nós isoladamente.

Saiba quando ser humilde

Quando você tiver feito alguma coisa especial ou realizado uma proeza; quando se sobressair de alguma forma, é bom que se sinta orgulhoso do que fez. Provavelmente você trabalhou muito para cumprir essa tarefa, mas cuidado para não se vangloriar. As palavras "eu" e "meu" podem criar ressentimentos nos outros. As palavras "nós" e "nosso" soam melhor. Se você fez alguma coisa realmente digna de reconhecimento, alguém vai perceber e falar a respeito. Se você acha que é inteligente, deixe que outra pessoa diga isso. As felicitações soam melhor quando partem de outra pessoa. Os elogios feitos por terceiros têm muito mais força do que aqueles expressados por nós mesmos.

Um amigo meu, Bob Wilson, tem um grande senso de humor. Uma vez o nosso grupo estava jogando golfe quando Tom Murphy, outro amigo e membro do grupo, disse:

— Bob, eu soube que você acertou o buraco com uma só tacada neste campo.

Bob não disse nada. Eu olhei para ele e perguntei:

— Você acertou o buraco com uma só tacada?

Ele ainda não disse nada e eu o pressionei:

— Ora, Bob, você acertou ou não o buraco com uma só tacada?

Ele apenas deu de ombros e, sorrindo, disse:

— Todo mundo já não fez isso?

Esse é o tipo de postura que eu gosto!

Lembre-se também que o sentimento de empáfia pode ser destruído facilmente. Há sempre alguém que pode nos superar. Assim, não vamos nos julgar *grandes* até que outras pessoas o confirmem. Então, deixe que sua meta ajude outra pessoa a se superar ou até mesmo realizar mais do que você. O verdadeiro teste do coração é descobrir a alegria de ajudar outras pessoas a serem bem-sucedidas.

3

O Ativo mais Valioso

"Use a cabeça."

"Apenas pense a respeito."

"Diga-me, isso não faz sentido?"

Quantas vezes você já ouviu esses comentários ao longo da vida? Eu já os ouvi muitas vezes e já os fiz quase na mesma proporção.

Podemos, provavelmente, resumir o segredo do sucesso usando o nosso ativo mais valioso quando tomamos decisões profissionais — o bom senso. Quando usamos a lógica e a razão para tomarmos decisões lógicas em oposição às ilógicas, estamos usando o bom senso. É tão simples quanto saber que você não pode atravessar um cruzamento com cinqüenta carros passando a toda velocidade. É tão simples como saber que não se deve ficar muito perto das patas traseiras de um cavalo.

A maioria das pessoas tem algum nível de bom senso em razão de sua vivência. Elas passaram a vida tomando determinadas decisões e usufruindo os benefícios ou sofrendo as conseqüências dessas decisões. Essas experiências lhes deram alguma dose de bom senso.

Por que, então, algumas pessoas agem de modo ilógico? Elas deixam que suas emoções interfiram em suas decisões. Quando isso acontece, você perde a acuidade do bom senso.

Para tomar decisões bem-sucedidas nos negócios, o empresário precisa contar com a praticidade, a lógica E o bom senso. A emoção ocupa uma boa parte de nossa vida pessoal em função dos nossos entes queridos e nossos amigos. Mas, no mundo dos negócios, o equilíbrio das contas é o fator que dirige a tomada de decisão e é imperativo que você conserve as emoções tão longe quanto possível.

Por exemplo, às vezes me sinto como se tivesse duas personalidades — uma para minha vida pessoal e outra para a profissional. Em minha vida pessoal, eu me julgo um homem generoso, mas, na profissional, eu conto cada moeda.

A emoção tem muito a ver com o bom senso, mas a inteligência muitas vezes não tem. Eu construí uma carreira como economista no mundo das finanças. Conheço muitos profissionais que são muito inteligentes no campo profissional que escolheram. Tenho visto incontáveis médicos, advogados e outros profissionais de sucesso que fazem a maior confusão em suas finanças pessoais. Eles tentam investir ou capitalizar o dinheiro de suas aposentadorias sem o aconselhamento de um especialista na área. Muitas dessas pessoas jamais pensariam em tomar uma decisão profissional sem consultar outra pessoa, mas, quando se trata de suas finanças pessoais, eles tomam decisões completamente estranhas ao seu campo de formação. Isso é não usar o bom senso.

Preciso admitir que o bom senso, isoladamente, não assegura o sucesso econômico, mas é um ingrediente vital para qualquer tipo de empreendimento no mundo dos negócios. O bom senso precisa ser aplicado desde o início. É ele que norteia a decisão quanto ao tipo de empreendimento que você fará e em que local vai sediá-lo.

Eu tenho uma Pauta de Bom Senso que uso quando tomo minhas decisões profissionais.

1. Quais são as conseqüências dessa decisão?
2. Quem será atingido por essas decisões?
3. Como poderei corrigir a situação se ela seguir um curso negativo?
4. Como se delineia o quadro a longo prazo?
5. Estou a par de todos os fatos para tomar essa decisão?

Se eu puder responder satisfatoriamente a essas cinco perguntas ao tomar uma decisão, então vou me sentir à vontade para seguir em frente.

4

Nada Permanece Igual

Nossa sociedade está em constante mudança. Você não pode negar isso, não pode lutar contra isso. O melhor que pode fazer é levar isso em conta, descobrindo oportunidades na própria mudança. Aceitar a mudança como um dado vai ajudá-lo a desenvolver programas flexíveis para sua empresa e uma personalidade flexível para você mesmo. O que algumas pessoas chamam de tino comercial é realmente uma forma de encarar um negócio e saber que a mudança é inevitável. Você precisa estar sempre na expectativa e ficar preparado para a mudança.

Os últimos cem anos trouxeram muitas mudanças para a sociedade como um todo, mas principalmente para o nosso modo de viver. Realmente é de confundir a mente considerar todas essas mudanças e então olhar adiante para ver o que o futuro reserva para os próximos cem anos!

Antes de 1895, os automóveis estavam na fase da invenção. Agora, pouco mais de cem anos depois, aqueles primeiros e lentos veículos, cuja partida se dava acionando-se uma manivela, evoluíram até se tornar máquinas sofisticadas com um sistema de ignição computadorizado e vozes indicando quando o carro precisa ser abastecido, indicadores digitais que informam como está o tempo do lado de fora e, em alguns carros de corrida a capacidade de chegar até a 480 quilômetros por hora.

Cem anos atrás, o único meio de se viajar era no lombo de um cavalo ou numa carroça. Se a pessoa quisesse ir a um país estrangeiro, ia de navio. A invenção do avião pelos irmãos Wright causou uma mudança radical no nosso modo de viajar. Fico imaginando se, enquanto construíam aquele avião simples, eles imaginavam que a "invenção" deles iria fazer surgir não só um notável meio de transporte, mas também uma indústria incrivelmente competitiva. Dos aviões feitos de pedaços de madeira, pano e arames de aço, passamos para os pequenos propulsores e chegamos aos jatos supersônicos capazes de quebrar a barreira do som e aos veículos usados para explorar o espaço sideral. Tudo isso em apenas cem anos! Apenas pense nisso: de Kitty Hawk à Lua em apenas cem anos!

A medicina na virada do século passado era, no melhor dos casos, simplista. Tratávamos as doenças com ervas, raízes e remédios caseiros. A anestesia estava apenas em seu estágio experimental; os instrumentos cirúrgicos, comparados ao que são hoje, eram primitivos. Quando uma pessoa vivia até os 60 anos, era considerada velha. Dizer que a ciência médica por volta de 1890 não era sofisticada em comparação com a que existe hoje certamente é pouco. Nem sei bem ao certo se a idéia do transplante de órgãos já passava pela cabeça de alguém há pouco mais de cem anos. Atualmente, o avanço da tecnologia está tornando o transplante de órgãos quase uma rotina. Para onde essa tecnologia vai nos levar no futuro? Ela já aumentou em vinte anos a expectativa de vida das pessoas, o que vai afetar dramaticamente o mundo dos negócios. Nos próximos cem anos, as pessoas podem não estar prontas para se aposentar aos 65 anos, nem mesmo aos 70, talvez. Quais serão as mudanças que teremos na sociedade como um todo? Estamos nós, empresários e comerciantes, procurando uma forma de absorver essa mão-de-obra excedente? É melhor que estejamos, se quisermos continuar competitivos!

Nem todas as mudanças do século passado foram positivas. Algumas trouxeram mais problemas do que soluções. As mudanças sociais decorrentes da Grande Depressão constituem um exemplo perfeito. Quando Franklin Delano Roosevelt assumiu em 1932, os Estados Unidos estavam numa situação trágica. As pessoas ficavam na fila para receber um prato de sopa e tentavam apenas sobreviver. As condições de vida não eram nenhuma maravilha na maior parte do país. Os bancos estavam indo à falência, era quase impossível conseguir um emprego e, quando se conseguia um, o salário era tão baixo que mal dava para custear as despesas básicas. O presidente criou programas sociais, programas de trabalho e outros benefícios que poderiam ajudar a pôr o país novamente de pé. Mas houve tantos abusos em alguns desses programas, que agora, mais de setenta anos depois, estamos diante de uma série de problemas criados por eles para esta geração e para as próximas. Alguns desses programas são o motivo do déficit orçamentário e do gasto excessivo do governo.

Um dos melhores exemplos disso é a Social Security americana. O programa foi originalmente projetado para proporcionar dinheiro suficiente para ajudar a população mais carente quando estivesse na idade de se aposentar. Ele acabou, no entanto, tornando-se uma jogada política e um número cada vez maior de pessoas foi acrescentado à lista dos que deveriam ser ajudados. O custo do programa aumentou. O fundo ficou com reservas insuficientes, porque, em vez de atender apenas às pessoas que já estavam pagando o programa, ele passou a ser usado para pagar todos aqueles que solicitavam seus benefícios. Muitas pessoas que se beneficiaram tinham contribuído muito pouco para ela. Agora, à medida que nossa geração envelhece, percebemos que está se tornando difícil para nós até mesmo receber aquilo com que contribuímos durante toda a nossa vida. O sistema previdenciário americano está encontrando cada vez mais formas de restringir o recebimento dos fundos. Na verdade, o dinheiro é seu; você o pagou e o recebimento dessa anuidade, desse benefício, desse programa de aposentadoria deveria estar garantido, sem importar o que você ainda consiga ganhar de outras fontes. A questão maior é: "As futuras gerações vão receber alguma coisa?" Será que nossos netos vão querer continuar a pagar pelos benefícios da Social Security que supostamente irão receber mais tarde? É duvidoso. Assim, você percebe que, embora esses programas tenham ajudado na crise dos anos 30, eles estão causando mais e mais crises nos dias de hoje.

Um outro exemplo de programa social que tomou rumos inesperados é o atual sistema público de saúde. Ele se tornou um câncer na sociedade norte-americana. De geração em geração, alguns beneficiários estão literalmente sugando o sangue dos cofres públicos porque estão conseguindo benefícios sem dar nada em troca.

Algumas outras áreas que precisam desesperadamente de mudanças e redirecionamento são o serviço militar, o custo dos projetos de ajuda a países estrangeiros, a indústria armamentista e o programa espacial. Todos esses fatores oneraram muito o orçamento do governo. Naturalmente, alguns deles não podem ser ignorados nem reduzidos. Precisam sempre ser levados em conta no momento de se planejar os gastos, mas dentro do razoável.

Creio que é nosso dever começar a olhar de frente o declínio de nossos valores morais, o aumento do consumo de drogas, o número maior de crimes e os programas de bem-estar social e leis de meio ambiente que são os maiores responsáveis pela sempre crescente dívida interna norte-americana. Outras preocupações são os déficits comerciais, que permitem a outros países criarem enormes déficits comerciais, as explosões tecnológicas ocorridas e as altas somas relativas ao direito de propriedade que as empresas ligadas à tecnologia têm conseguido ganhar. Todos esses fatores são áreas que precisam ser levadas muito a sério. Sim, definitivamente será preciso considerar os próximos cem anos ao se tentar encontrar uma solução para esses problemas.

As pessoas, como meu pai e o pai dele, não tinham o "básico" que temos atualmente. Meus pais moravam no campo e o vizinho mais próximo ficava a uns dez quilômetros. Eles criavam gado, tiravam leite das vacas e sua fonte de renda provinha do corte de árvores para fabricação de dormentes ferroviários. Cada árvore era vendida a cinqüenta centavos de dólar. Eles faziam de 75 centavos a um dólar por dia, e isso era tudo de que precisavam. Usavam lampiões de querosene porque não tinham eletricidade. As instalações sanitárias ficavam fora da casa, a água vinha de um poço e era retirada manualmente. Eles tomavam banho, normalmente no sábado à noite, numa tina atrás da chaminé do fogão. A água era aquecida no fogão. Tinham uma porção de filhos e não trocavam a água cada vez que um tomava banho. Naturalmente a água não ficava lá muito limpa, ainda mais se fôssemos a última criança a tomar banho. Por outro lado, eles não tinham tantas preocupações como nós, hoje em dia.

Uma simples descoberta ou invenção pode mudar o modo de vida das gerações que se seguem. Foi o que aconteceu no caso dos meus pais. Quando carvão ou outras reservas naturais eram descobertos em uma região, cavavam-se minas e muitas pessoas — inclusive meus pais — deixavam a zona rural e partiam para os campos de mineração. Trabalhar para uma companhia de mineração naqueles dias era muito diferente do que é atualmente. Não existia proteção nem para os empregados nem para o meio ambiente. Não havia limites para horas de trabalho e o empregador podia explorar — e o fazia — os empregados e a terra. O pagamento era escasso e o dinheiro que os mineiros recebiam voltava para o "Armazém da Companhia", onde eles eram obrigados a fazer suas compras. Essa prática injusta, evidentemente, acabou por levar ao trabalho organizado e à criação de sindicatos.

Foi assim que o país evoluiu. As pessoas iam aonde pudessem arrumar trabalho. Hoje, vemos um tipo de evolução diferente. Grandes indústrias estão cortando pessoal, diminuindo a produção ou fechando. Nossas indústrias de trabalho intensivo estão se retraindo, deixando desempregados com pouca ou nenhuma capacitação para competir por cargos mais especializados que estão tomando o lugar do operariado. Essa é uma mudança para a qual muitos trabalhadores não foram preparados.

O sucesso aparece quando as pessoas ou companhias prevêem a mudança e tiram proveito dela.

Pense realmente nas evoluções e revoluções que têm ocorrido ao longo dos anos. Peguemos um exemplo específico — a televisão. Antes de 1950, não havia televisão. Na verdade, muitas casas não tinham sequer aparelho de rádio e a televisão estava apenas no estágio de projeto. Em 1953, nos Estados Unidos, o aparelho de televisão tornou-se um eletrodoméstico presente em quase todas as casas. Os homens de negócio que perceberam a mudança e pensaram sobre como isso poderia e iria mudar a sociedade, tiraram proveito dela e ganharam muito dinheiro. Outras companhias que deixaram de reconhecer as mudanças que estavam por vir foram deixadas para trás.

A grande Atlantic & Pacific Tea Company é um grande exemplo. Essa empresa tinha suas próprias plantações de cana e de café, sua fábrica de enlatados e panificação própria. Eram todos setores integrados. Havia mercearias A & P por todo o país. Eles eram os maiores fornecedores de produtos alimentícios da época.

Com o advento da televisão veio a oportunidade de fazer propaganda. Muitas empresas perceberam a oportunidade; a A & P não. Eles não acreditaram que o público fosse assistir aos comerciais de televisão e acreditar que Stokely e Van Camp's fossem marcas melhores de alimentos enlatados do que a marca deles, Ann Page. Eles também não acreditaram que os comerciais de televisão mudariam a opinião do público com relação a marcas de café, que a Folgers e Maxwell House poderiam se tornar mais populares que a marca deles, a Eight O'Clock. Eles não acreditaram que pães de padarias locais venderiam mais ou que outras marcas de açúcar teriam mais apelo comercial. A A & P não se preparou para o futuro nem aproveitou essa situação nova e ficou fora do mercado. Onde ela está hoje? Ora, ainda está por aí, mas a empresa hoje é muito menor e está em decadência. Eles não dominam mais a indústria do varejo no setor de mercearias, principalmente porque não aceitaram a mudança.

Um exemplo mais positivo de mudança é a universidade que freqüentei. Quando eu estudava lá ela se chamava Kansas State Teachers College. Havia 1.100 alunos, não havia dormitórios, nem grêmios estudantis, nem centro tecnológico; só um velho ginásio de esportes no segundo andar de um dos prédios. O campus se reduzia a poucos prédios, a maioria dos quais velha e decadente. Antigos alunos de escolas públicas eram uma presença dominante no campus. Esses alunos muitas vezes ditavam o comportamento geral e sua maturidade e modo de agir eram impostos aos colegas mais novos. Eu tinha 16 ou 17 anos e convivia com os adultos mais velhos. Aprendi muito com essa experiência, que poderia ter sido negativa. Beber, farrear, matar aula e estudar pouco eram hábitos que poderiam ter me dominado. Mas não foi isso que aconteceu. Eu estava pagando minha própria faculdade e isso me fazia querer aproveitá-la ao máximo. A ambição me fazia querer ser bem-sucedido e competir em todas as áreas que eu pudesse.

Atualmente, essa universidade tem cerca de 6.500 estudantes, muitos prédios novos e outros reformados. Tem também um grêmio estudantil, um ginásio de esportes novo, um planetário, um novo prédio de ciências sociais, dormitórios masculinos e femininos, sua própria emissora de rádio e um moderníssimo centro de tecnologia e humanidades. Esse centro estará entre os quatro ou cinco melhores do país e vai aumentar o número de matrículas, o que vai incrementar o desenvolvimento do município, que, por sua vez, beneficiará o Estado inteiro.

Há inúmeros casos em que as transformações no mundo dos negócios fizeram aqueles que um dia foram "gigantes" perderem a supremacia no mercado. Observe a IBM, a Sears e a J. C. Penney. Atualmente, só em comunidades muito pequenas dos Estados Unidos você pode ver uma loja da Western Auto, mas houve um tempo em que ela era sinônimo de loja de peças automotivas. Se você pretende permanecer no topo, esteja mais atento ao que deve acontecer nos próximos cinco anos do que no dia de amanhã.

O sucesso de qualquer empreendimento no mundo dos negócios depende da visão de seu líder. É essencial que você, na posição de comando, desenvolva uma perspectiva sobre a mudança. A capacidade de construir uma visão como essa é que põe você na trilha do sucesso. Mudança causa mudança.

A transformação é a mudança sob controle

A mudança ocorrerá. Se estivermos atentos e preparados para ela, poderemos nos encarregar de efetuá-la. Um modo de se estar preparado é ficar atualizado. A necessidade de estar a par do que está acontecendo em outras empresas e bem informado a respeito dos diferentes segmentos comerciais e industriais é um desafio para que eu continue a me instruir com respeito a esses assuntos. Tento impressionar e surpreender meus associados mostrando-lhes o quanto sei a respeito do negócio e do que está ocorrendo no momento. Um dos associados disse a outro que eu não entendia realmente do negócio (uma de nossas entidades). Se você dá à luz um negócio e o amamenta até que ele se torne um sucesso, creia-me, "você conhece o negócio". Ele pode mudar e você ficar temporariamente defasado, mas, se você for esperto, vai se atualizar. Você não precisa alardear seus esforços, mas é bom deixar que percebam o quanto você está atualizado em momentos inesperados. Vai fazer muita gente arregalar os olhos de surpresa. É divertido, também!

Tenha em mente, entretanto, que você não pode controlar completamente as mudanças. Há algumas grandes demais para ser controladas. Repito, você precisa ser flexível. E também intuitivo.

Ter intuição é estar preparado para mudanças

Intuição, no que diz respeito à conquista do sucesso, é a capacidade de perceber mudanças. A mudança pode significar um caminho negativo ou positivo para um negócio. Líderes bem-sucedidos encontram modos de fazer as mudanças tomarem um rumo positivo para o negócio.

Como vimos no exemplo da cadeia de produtos alimentícios A & P, alguém não teve intuição para perceber a mudança pela qual passava a mídia popular. A A & P deixou passar a oportunidade de permanecer na frente da concorrência.

Os fundadores da Pizza Hut, Frank e Dan Carney, enxergaram a oportunidade que havia num prato italiano composto de um disco de massa, molho de tomate, temperos, queijo e uma variedade de coberturas. Até 1958, a *pizza* era uma especialidade encontrada principalmente nas grandes cidades dos Estados Unidos. Os Carneys perceberam que a *pizza* era muito fácil e barata e que uma unidade era suficiente para alimentar toda a família. Eles acreditavam que a *pizza* poderia ser produzida em larga escala e vendida por um preço baixo. Poderia também ser um petisco ou o complemento de uma refeição. Essa era a idéia que estava por trás da empresa Pizza Hut.

A idéia surgiu no momento em que o país estava num surto de desenvolvimento e cada vez mais famílias estavam freqüentando restaurantes. Os irmãos Carney perceberam uma mudança, enxergaram a oportunidade e a agarraram!

Antes de comprar minha franquia de Pizza Hut, eu só tinha comido *pizza* duas vezes na vida; uma vez na Beltloops de Chicago e outra quando estava num acampamento de verão no exército. Gostei do prato nas duas vezes em que o comi. Ainda pedi *pizza* em outra ocasião, em Topeka, mas, no momento em que mordi o primeiro pedaço, queimei o céu da boca. Eu não imaginava que as pizzas eram assadas a temperaturas tão elevadas.

A Pizza Hut é atualmente a maior empresa de *pizza* do mundo! A NPC International, Inc. é a maior franqueada. A situação hoje é diferente. A *pizza* agora é um item comum de alimentação. Pode não ser uma boa idéia começar uma nova empresa de franquia de *pizza* porque o mercado está muito fragmentado. Entretanto, todo ano, muitas pessoas continuam entrando no negócio de *pizza* e algumas são bem-sucedidas.

Lembre-se, a transformação é uma mudança sob controle. Pense mais uma vez nas mudanças que ocorreram nos últimos cem anos. Coloque-as em perspectiva para ver o que elas podem significar para os próximos cem anos.

Algumas mudanças provocaram uma reação em cadeia, impulsionando o avanço da nossa sociedade. Antes do automóvel, os meios de transporte eram o cavalo e a charrete. A invenção do automóvel ajudou nossa sociedade a locomover-se, explorando novas fronteiras. O avião tornou mais fáceis as viagens para novos mundos e o acesso a novas culturas. O advento do programa espacial nos permitiu divisar a possibilidade de ir a outros planetas e, talvez, até mesmo a outros sistemas solares.

Os avanços na medicina permitem que nossa vida seja mais longa, saudável e produtiva. Podemos transplantar órgãos humanos e um dia, quem sabe, seremos capazes de fabricar órgãos artificiais com sucesso.

O computador gerou e continua a gerar mudanças em nossa sociedade. Lembre-se de que o primeiro computador ocupava dois edifícios. As primeiras unidades só estavam ao alcance das grandes empresas e eram muito caras. Atualmente, eles são equipamentos comuns em muitas casas e pequenos o suficiente para caber numa valise de mão. Com o desenvolvimento da Internet e da World Wide Web, o mundo inteiro está interligado. Creio que logo tudo isso estará superado pelo avanço de novas tecnologias.

Posso lhe assegurar de que, por causa das transformações, as culturas do mundo todo passarão a ficar cada vez mais parecidas. Crenças religiosas, tabus e outras práticas sempre vão manter um certo grau de separação entre nós, mas compartilharemos o mesmo tipo de comida, divertimento, esportes e outras atividades.

Quando você pensar nos próximos cem anos, pense na interação que estará ocorrendo por causa do avanço rápido no campo da tecnologia. Quais os êxitos que prevalecerão graças à nossa intuição, nossa capacidade de perceber e até de prever as mudanças e assim de estar em posição de aproveitá-las? Que novas empresas e negócios vão surgir em antecipação a essas mudanças? A Internet está fornecendo novas bases para todo tipo de idéia, do mesmo modo que a televisão abriu oportunidades em 1950.

Isso é o que quero dizer com a palavra intuição. As mudanças ocorrerão o tempo todo, mas você precisa ser intuitivo o suficiente para estar em condições de aproveitar essas mudanças.

As pessoas intuitivas não deixam nada para amanhã. Elas têm um senso de urgência. Elas vivem e prosperam aqui e AGORA!

Senso de urgência

A maioria das pessoas pode contar histórias sobre os tempos em que estava no secundário ou na faculdade, quando havia um prazo a ser cumprido, um trabalho a ser escrito ou uma lição de casa que precisava ser concluída e então aparecia alguma outra coisa muito mais divertida para fazer do que esses deveres. Talvez os amigos quisessem ir a uma festa ou assistir a um filme. A tentação de deixar de lado nossas responsabilidades para fazer alguma coisa mais agradável pode ser enorme.

Vivemos dentro de uma batalha diária entre fazer as coisas que temos de fazer e aquilo que queremos fazer. Uma mudança de perspectiva pode ajudar a superar essas tentações. Em vez de dizer eu "tenho de" fazer alguma coisa, é muito mais produtivo dizer "vou fazer" alguma coisa. Lembre-se também que o adiamento só vai fazer o dia de amanhã mais cansativo.

Pessoas bem-sucedidas que começaram com uma meta ou a visão de um negócio adquiriram esse "senso de urgência" diante de tarefas ou desafios. Sabem que, ao "fazer" essas coisas, elas estão favorecendo seu êxito e suas realizações.

Eu costumava dizer aos meus alunos que, se eles dedicassem quarenta horas por semana à sua educação, eles nunca ficariam para trás; estariam sempre preparados e finalizariam seus projetos no prazo. Essas quarenta horas incluíam as horas de aula, o período de preparação e as horas de estudo. Eu também lhes dizia que se, encarassem sua educação como um emprego, eles teriam boas notas, permaneceriam no alto da curva do poder e trabalhariam com mais lucidez. "Afinal", eu lhes perguntava, "vocês não estariam trabalhando quarenta horas por semana se não estivessem na faculdade?"

Quando você fica para trás e precisa compensar o atraso, isso gera um pensamento negativo em sua mente e provoca *stress*. Ao manter uma postura proativa em vez de reativa você consegue conservar a cabeça desanuviada e ficar pronto para assumir uma responsabilidade adicional ou novos desafios quando eles se apresentarem.

Lembre-se: Não existem problemas, somente oportunidades de correção

Quando dizemos que temos um problema, isso imediatamente nos deixa num estado de ânimo negativo. Afinal, um problema é um quebra-cabeça, um dilema ou uma incerteza. A nossa natureza nos leva a pôr de lado os problemas, a ficar longe deles, em vez de encará-los. Até mesmo a palavra "problema" tem uma conotação negativa.

Mas, se dissermos que temos uma "oportunidade de correção", isso lança uma luz diferente sobre o assunto. Afinal, uma "oportunidade" é um privilégio ou uma libertação. Essa é uma inferência muito mais positiva. É uma volta ao princípio do "fazer". É muito mais interessante pensar nas oportunidades do que nos problemas.

Planeje seu trabalho, trabalhe de acordo com seu planejamento

Um amigo me disse certa vez: "Planeje seu trabalho e trabalhe de acordo com seu planejamento". A idéia não era nem um pouco nova, foi uma das primeiras coisas que aprendi no mundo dos negócios, mas eu nunca a tinha ouvido expressa de forma tão boa.

Você pode arranjar um milhão de desculpas para não fazer alguma coisa. Você pode alegar que está tão ocupado quanto gostaria de estar e pode adiar tudo o que quiser, mas aqueles que realizam mais são os mais ocupados. Se alguma coisa é tão importante para você, não interessa o quanto você diga que está ocupado; você vai dar um jeito de fazê-la.

Muitas pessoas que alegam estar "muito ocupadas" são apenas desorganizadas. Não estruturaram seu horário de trabalho. Não priorizaram seu trabalho. Não se engane. Faça uma avaliação honesta de si mesmo. Você pode enganar os outros, mas não ganha nada enganando a si próprio. Se você se ouvir dizendo que está muito ocupado, escreva o que foi que você fez nesse dia, contabilizando cada minuto. Se descobrir que desperdiçou tempo, é tempo de se organizar.

Ponha no papel

Eu incentivo a todos que — logo pela manhã ou, melhor ainda, na noite anterior — ponham no papel tudo o que vão fazer no dia. Anote cada item seguindo uma ordem de prioridade e, se surgir alguma coisa mais importante do que as já agendadas, acrescente-a, obedecendo a essa mesma ordem. Meu planejamento para um dia pode ser mais ou menos assim:

1. 8:00 conferência com a comissão principal
2. 9:00 reunião de produção ou planejamento
3. leitura da correspondência

4. telefonemas necessários (exame de relatórios, discussões com os departamentos de venda, *marketing*, financeiro)
5. almoço de trabalho — sala da diretoria de banqueiros
6. convocação para reunião com agentes/representantes
7. exame da produtividade dos funcionários (relatórios de custos)
8. desenvolvimento de um novo produto (Pesquisa e Desenvolvimento)
9. encontro com engenheiros e projetistas.
10. (variações) viagens para visitar clientes, fornecedores; inspecionar e observar as operações localmente.

Em razão do meu envolvimento com uma grande variedade de negócios, sofro muitas interrupções e reações "ditadas pelo momento". O planejamento da minha lista de prioridades varia muito de um dia para o outro. Mas, planejando meu dia com antecedência, começo as atividades do dia com tranqüilidade e posso ser mais produtivo.

Se eu recebo um telefonema ou outra mensagem dizendo que alguma coisa mais importante precisa da minha atenção, eu incluo a informação na minha lista de tarefas, de acordo com a sua prioridade. Por exemplo:

"Convocação do presidente para acompanhamento da oportunidade de correção da distribuição (inserida entre o item 3 e 4)".

Às vezes, coisas que são importantes para nós não são consideradas prioridades porque é preciso fazer alguma outra coisa antes. Todos nós temos compromissos prioritários, prazos prioritários e desejos pessoais prioritários.

É simples manter uma lista de prioridades. Na verdade, a maioria das pessoas bem-sucedidas nos negócios faz isso. Algumas vezes, por uma ou outra razão, eles desistem dessa prática. (Lembre-se: "Funcionou tão bem, devo desistir?) Se fizer dessa forma de planejamento e agendamento um hábito, você vai passar a realizar mais e permanecer na frente da concorrência. Vai perceber que seus pensamentos estão mais organizados e você consegue pensar positivamente sobre o que está acontecendo em seus negócios. Sua intuição estará mais afiada e você estará mais preparado para as mudanças.

É tudo uma questão de administração de tempo

Quando você pensa sobre isso, não lhe parece extremamente sensato? Podemos realizar mais se tivermos um senso de urgência com relação ao nosso trabalho, se conservarmos a mente positivamente aberta a mudanças e organizarmos o nosso dia de forma que possamos ter a maior parte do trabalho feito. Quando administramos nosso tempo com sabedoria, conseguimos fazer tudo o que precisa ser feito e ainda temos tempo para a família e para o lazer. A administração do tempo é a chave. Se você controlar bem o seu tempo, estará trilhando a rota do sucesso.

Parte II

Olhe para Dentro de Si Mesmo

1

Seja uma Pessoa Melhor

O poder, o controle ou a posição têm diferentes efeitos nas pessoas. Algumas automaticamente se modificam. Deixam o poder lhes subir à cabeça e tornam-se presunçosas, dominadoras e egocêntricas. Na cabeça delas, colocam-se acima dos outros e se sentem muito felizes no alto de seu pedestal, sem nunca aprender, perceber ou imaginar como elas mesmas podem fazer melhor o seu trabalho. Estão ocupadas demais dizendo a todos, na empresa, como eles devem fazer o trabalho *deles*.

Há outras pessoas que conseguem assumir responsabilidade e considerar um privilégio fazer tal trabalho ou ter o poder de que dispõem. Elas entendem que, se foram tão longe em seus negócios, é porque contaram com a contribuição de outras pessoas para seu sucesso. Tratam os outros com respeito e admiração. Elas sabem que o modo como os associados fazem seu trabalho ou cumprem suas responsabilidades reflete-se em sua liderança e visão. Embora tenham muitas qualidades que lhes permitem ensinar a outras pessoas, ainda assim elas querem ser ensinadas.

As verdadeiras pessoas de visão querem aprender com os outros a trabalhar melhor e a ser pessoas melhores. Esses líderes têm uma visão ou uma meta a atingir. Eles estão dispostos a olhar dentro de si mesmos para ver como podem mudar e se adaptar a novas situações e a enfrentar novos desafios.

Os próximos capítulos vão tratar de como aperfeiçoar setores dos nossos negócios e áreas da nossa vida pessoal. O aperfeiçoamento de si mesmo é essencial nos negócios porque, como dissemos antes, tudo muda. Nada permanece igual. Se não nos aperfeiçoarmos continuamente ou não aperfeiçoarmos o modo como fazemos nossos negócios ou agimos na nossa vida pessoal, ficaremos para trás.

Há cinco áreas principais que todos nós precisamos aperfeiçoar continuamente: a auto-análise, a capacidade de comunicação, a arte de ouvir, a aquisição de conhecimento e o controle do ego.

2

Auto-Análise — Seja Honesto Consigo Mesmo

"Quando acordei esta manhã, não consegui fazer minha cabeça parar de doer, mas a cerveja que tomei no café da manhã me caiu bem, assim tomei mais uma de sobremesa. Fui cambaleando até o armário e achei, na roupa suja, minha camisa mais limpa..."

Os versos dessa velha canção expressam o que eu quero dizer. Precisamos reconhecer nossos erros, nossas fraquezas, nossos maus hábitos e aceitá-los. Se pudermos ser honestos com nós mesmos, olhar no espelho e enxergar a realidade, sem dar justificativas, descobriremos meios de melhorar. Mesmo se alcançarmos 95% do índice de perfeição, ainda haverá oportunidade de melhorarmos.

A finalidade da auto-análise é ser verdadeiro consigo mesmo. Enquanto mentir para si mesmo, estará perdendo uma oportunidade de ser uma pessoa melhor.

Mesmo que você não queira admitir isso, os outros acabarão sabendo a verdade e você vai parecer exatamente o que é, um procrastinador.

Um bom exemplo dessa verdade é o jogador de golfe que vai fazer o percurso para jogar uma série. Ele erra uma tacada. Põe a bola no lugar novamente e repete a jogada, mas não registra a primeira tacada em sua marcação. Ele arremessa a bola num ponto ruim e decide bater uma segunda bola. Quando acaba, ele calcula sua melhor marca. Diz que atingiu um *handicap* 7, quando, na verdade, se ele tivesse contabilizado as jogadas que deixou de lado, chegaria a um *handicap* 12 ou 13. Quando ele for a um torneio em que se exija um *handicap* 7, ele não poderá tirar vantagem do seu *handicap* porque não é um *handicap* verdadeiro. Num jogo particular, ele pode enganar a si mesmo, mas, num torneio, a verdade vem à tona. Você não pode realmente se considerar tão bem-sucedido quanto deseja enquanto não parar de dar desculpas para seus atos.

Assim, a auto-análise resume-se em honestidade, integridade, no desejo de ser uma pessoa melhor e na disposição para aceitar a crítica construtiva. Trata-se da disposição para reunir informações, opiniões e pontos de vista. Você precisa fazer a distinção entre o que é real e o que não é, entre o construtivo e o destrutivo e ainda sair do processo com uma postura positiva.

Ser tão honesto quanto uma criança de 9 anos...

Você já percebeu como as crianças pegam as coisas no ar? Há tempos aprendi a não tentar enganá-las. Elas irão sempre acusá-lo disso.

Sempre tive um bom relacionamento com as crianças. Acho que é porque não as trato de modo superior. Procuro tratá-las assim como trato os adultos, com respeito e dignidade. Afinal, a única diferença entre uma criança e um adulto é o fato de este último já ter passado por mais experiências. Só porque as crianças não tiveram as experiências que nós adultos tivemos, não significa que não tenham opiniões, sentimentos e sonhos.

Por isso, foi com muita satisfação que aceitei o convite de Christen, uma aluna muito especial da quarta série, para falar à sua classe. Nessa ocasião eu estava concorrendo ao cargo de governador do Kansas e Christen pediu-me para ir à sua escola em Topeka. Ela é um doce e eu não pude recusar seu convite.

Quando fui à escola, os professores tinham dado um jeito de reunir as três classes da quarta série na biblioteca da escola para ouvir o "palestrante". Era um acontecimento muito importante, para as crianças, o fato de ter um candidato a governador dirigindo-se a elas. Sentei-me numa cadeirinha enquanto todos os oitenta alunos espalharam-se pelo chão da biblioteca.

Como avô de um adolescente de 16 anos, sei que desafio representa prender a atenção de uma criança; elas só lhe dão atenção se estão interessadas no que está falando. Você precisa ser criativo e interessante. Assim, eu lhes falei sobre o que um governador faz e por que é importante que crianças da idade delas se interessem pelos assuntos ligados ao governo. Eu também fiquei um tempo ouvindo seus pontos de vista e lhes fazendo perguntas.

Fiquei muito impressionado com o conhecimento que tinham das ramificações do governo e das atribuições de cada uma dessas divisões. Perguntei-lhes então quem era o presidente dos Estados Unidos e elas me responderam em uníssono. Perguntei qual era o nome da esposa do presidente, e novamente todos sabiam que era Hillary. Perguntei-lhes se Clinton era um bom presidente e elas mais uma vez responderam a uma só voz.

Também passamos algum tempo conversando a respeito de suas metas e sonhos. Perguntei-lhes o que queriam ser quando crescessem. Suas respostas variavam entre agente da polícia, bombeiro, advogado, médico, atleta e outras profissões.

Falamos a respeito de gente famosa e da história; conversamos sobre o governo e os acontecimentos atuais. Os alunos eram bem informados e tinham alguns pontos de vista interessantes sobre o que estava ocorrendo. Alguns comentaram aberta e honestamente sobre o que acreditavam estar errado no governo e o que deveria ser mudado. Falaram a respeito de seus medos e de seus sonhos.

Saí daquela experiência com um respeito maior pelas nossas futuras gerações e com a determinação de tentar fazer o que pudesse para melhorar nossa nação e a qualidade de vida. Também saí com a determinação de olhar para os meus negócios e meus acordos políticos com uma nova visão. Aquelas crianças tinham a cabeça fresca, idéias estimulantes e uma certa dose de inocência e confiança que perdemos quando ficamos mais velhos. Ah, como eu gostaria que não perdêssemos essas qualidades!

Se eu pudesse fazer uma mágica e transformar todos os adultos em alunos da quarta série, poderíamos ver alguma honestidade e melhora no modo de conduzirmos nossos negócios e nossa política. Muito provavelmente faríamos um progresso substancial com respeito a alguns dos problemas que têm assolado os Estados Unidos ao longo dos anos.

Quando você explica para um aluno da quarta série sobre o perigo que representa os Estados Unidos viverem sempre além de seus recursos, acumulando dívida sobre dívida, ele entende o problema e fica sensatamente imaginando por que os adultos, que são tão espertos, não fazem nada para corrigir isso.

Todos nós podemos aprender com nossas crianças. Precisamos respeitar qualidades como a honestidade e a compaixão e adotá-las em nosso dia-a-dia. Ver o mundo através dos olhos de uma criança é revigorante. Alguns de nossos líderes do governo poderiam melhorar muito sua atuação se resolvessem se colocar diante de uma classe de quarta série.

Fazer auto-análise não é criticar o que você já fez

Todos nós cometemos algum tipo de erro uma vez ou outra. Alguns de nós erram por causa de informações falsas, pouca pesquisa, falta de experiência, absoluta preguiça ou um número infindável de outros fatores. Se um erro foi cometido nos negócios e chega a hora de analisar por que ele ocorreu, é preciso avaliar o que fizemos. É hora de tentar descobrir como a decisão foi tomada e qual foi a linha de raciocínio que levou a essa decisão. Uma pessoa verdadeira consigo mesma não dará automaticamente uma desculpa para o erro. As desculpas ocorrem à mente com facilidade. Às vezes não acontece o mesmo com a verdade.

Há uma diferença entre auto-análise e autocrítica. A crítica é a busca do erro. A análise é um exame ou uma investigação. Um bom executivo precisa equilibrar as duas coisas com cuidado. Muitas decisões são tomadas em dias atribulados. Algumas decisões precisam ser tomadas rapidamente enquanto outras podem levar mais tempo. Muitas vezes temos que nos decidir com base nas informações que possuímos no momento. Algumas vezes essas decisões rápidas podem se revelar erradas. É bom ter consciência de um erro ou de um julgamento equivocado. Mas uma abordagem mais positiva do que ficar se acusando inúmeras vezes pelo erro cometido é examinar os motivos que o levaram a cometê-lo e evitar que a experiência se repita. O perigo da autocrítica é ficar paralisado pelo medo de errar novamente. Muitas vezes, o hábito de criticar nossas decisões equivocadas nos torna indecisos ou inertes.

À medida que analisamos a nós mesmos e ao nosso comportamento, precisamos descobrir também alguma coisa boa sobre nós ou sobre o nosso desempenho profissional para compensar o exame que fazemos dos nossos erros.

Pense numa maneira de melhorar

Auto-análises saudáveis levam ao aperfeiçoamento pessoal. É importante tentarmos olhar para nós mesmos como os outros nos vêem, mas isso é também muito difícil.

Uma forma de analisar a si próprio é pensar sobre alguém que você admira. Pense nas qualidades dessa pessoa e faça uma lista delas. Então tente pensar em suas próprias qualidades e enumere-as. Por exemplo, a pessoa que você admira é simpática e atraente? Pense sobre sua própria personalidade. Você é tímido? É muito difícil para você conversar com outras pessoas? Como a outra pessoa aborda aqueles com quem quer falar? Ela é sincera? Como você pode aprender com ela?

Ou pense num projeto que você orientou e em que trabalhou e que você acredita que não está indo tão bem quanto deveria. Qual é o seu papel nesse projeto? As pessoas entenderam as diretrizes que você deu a elas? Como você poderia ter transmitido melhor o que queria? Você foi tão organizado quanto deveria ser?

Quando fizer essas perguntas a si mesmo, anote seus pensamentos e as soluções que surgirem. Da próxima vez em que isso acontecer, consulte suas anotações para ter certeza de que cuidou de tudo.

Aperfeiçoamento. Desenvolvimento. Crescimento. Essas são as recompensas da auto-análise positiva. Com a experiência vem a perícia. O aperfeiçoamento deveria ser uma meta constante em sua vida diária. Como você pode se aperfeiçoar sem crescer e se desenvolver? Como você pode encarar sua família, seus amigos, seus colegas, associados e vizinhos se não estiver constantemente à procura de meios que façam de você uma pessoa melhor. A motivação precisa ser um impulso interior constante e um desejo ardente e incansável. É preciso vencer a complacência e a procrastinação que surge dentro de nós. Esses obstáculos normais, que todos temos, podem ser superados pelo nosso comprometimento pessoal para alcançar a excelência e para nos aperfeiçoarmos.

O espelho é a melhor ferramenta! Use-o. Tenha um à vista para todo lado que você se vire. Essa é uma reflexão para ser usada e um lembrete de quem você é, de onde você está, de quão longe você chegou, do rumo que está tomando e do modo como está crescendo.

3

A Arte da Comunicação

São necessárias duas pessoas para que a comunicação seja bem-sucedida. A comunicação se parece com a representação porque representar é também reagir. A comunicação é uma interação que ocorre nos dois sentidos (e às vezes em três ou quatro sentidos). Assim, quando digo que se comunicar é como representar, estou falando sério. Assim como representar é uma forma de arte, comunicar-se também é. Nem todo mundo se comunica da mesma forma e nem todo mundo sabe se comunicar.

Saber se comunicar é saber ouvir, compreender e perceber uma declaração ou uma situação. A boa comunicação baseia-se no reconhecimento e no entendimento completo do que se falou e ouviu.

Muitas vezes, ao expressar verbalmente algo, você não pode esperar que isso seja entendido e recebido do mesmo modo como você o disse. Há muitas frases que você pode dizer de muitas maneiras e com diferentes inflexões de voz. Isso faz com que elas signifiquem coisas diferentes dependendo da pessoa. Por isso, quando nos comunicamos verbalmente, precisamos de um retorno imediato.

No mundo dos negócios, o trabalho que você está fazendo precisa ligar-se com o trabalho dos demais. Todos precisam se comunicar uns com os outros para saber o que está acontecendo à sua volta e para ter uma visão do todo. Os principais componentes da comunicação bem-sucedida dentro de uma empresa são: *a verbalização, a repetição, a documentação, a abertura e a correção.*

Dá para repetir isso, por favor?

Uma das formas de comunicação mais comuns é a verbalização. Nós nos comunicamos com as pessoas falando com elas, compartilhando informações com elas. Tenha em mente, entretanto, que as pessoas absorvem apenas 17% do que ouvem. Essa é uma das razões pelas quais acredito que os empregados precisam não apenas de um bom treinamento para executar bem seu trabalho, como também precisam voltar a ser treinados periodicamente para executar o mesmo serviço. Se os seus interlocutores só absorvem 17% do que você está falando, isso significa que 83% do que ouviram ficam à mercê da livre interpretação.

Portanto, a repetição tem um papel-chave para manter as linhas de comunicação abertas. Ao treinar alguém *para fazer um trabalho, é necessário pisar e repisar os próprios passos para ter certeza de que a pessoa entendeu.*

Temos um procedimento para fazer a massa da pizza. E é um procedimento bem simples. Eu sigo o alfabeto para fazê-lo ainda mais simples de entender. Em uma visita a um de nossos restaurantes, eu disse rapidamente aos empregados durante o treinamento: — "Vocês pegam A e misturam com B, adicionam C e mexem em D. Compreenderam?"

Eles responderam:

— Claro.

Bem, esse foi meu primeiro erro. Porque, se eu achava que eles eram tolos o suficiente para admitir que não tinham entendido alguma coisa que eu dissera com tanta simplicidade, o que me faria pensar que eles eram idiotas, então quem estava sendo idiota era eu. Ninguém iria dizer, "Não, não entendi isso".

Mas, na verdade, eles não tinham entendido. Quando eu de fato peguei A e *misturei* com B e *acrescentei* C e *mexi* em D e então perguntei se haviam entendido, eles responderam: "Sim!", e de fato tinham entendido mesmo.

Daí, eu lhes disse:

— Tudo bem, agora vocês vão fazer isso.

E eles fizeram. Pegaram A, misturaram com B, acrescentaram C e mexeram em D e já estavam sabendo como fazer a massa de acordo com o nosso procedimento.

Bem, isso foi bom. Eles tinham assimilado o procedimento; estava tudo muito bem explicado e sem nenhum problema. O tempo passou e, como eles são seres humanos, foram relaxando. Com o passar dos dias e dos meses, um pensamento foi tomando forma: "Ora, isso é tão simples. Não passa de A, B, C e D. Basta jogar tudo na vasilha e mexer. Sem problema, certo?"

Surpresa! De repente, descobrimos que a massa não estava ficando do jeito que deveria. Quando interrogávamos os funcionários, eles respondiam:

— Não sabemos o que está acontecendo. Estamos fazendo exatamente como o senhor nos mostrou!

Então, fui de novo até eles e repeti: "Peguem A, misturem com B, adicionem C e mexam em D". E mostrei-lhes mais uma vez. E outra vez. E de novo.

Essa história ilustra a necessidade real da repetição. Do reforço. Na comunicação é importante repetir nossas intenções ou nossa missão na empresa ou nossos procedimentos e as políticas adotadas. De novo. E mais uma vez.

A repetição também pode ser um instrumento útil em conversas *delicadas* ou *sigilosas* e nas "argumentações". Se alguém faz uma afirmação *pejorativa, raivosa* ou *falsa*, em vez de ficar bravo ou chateado, a melhor coisa a fazer é repetir o que foi dito à pessoa que o disse e perguntar se a intenção dela era essa mesma. Se estivermos discutindo ou houver uma divergência de opiniões, e eu lhe pedir para repetir alguma coisa que você disse que foi particularmente irritante, se você repeti-la, ela provavelmente vai parecer irritante para você também. Sempre repita o que ouviu, em voz alta para que todos possam ouvir. Então lhes pergunte se foi isso o que disseram. Veja o que acontece quando você faz isso! É um modo eficaz de assumir o controle da discussão ou da divergência de opiniões. Esse instrumento funciona bem e pode ajudá-lo a manter o controle de uma comunicação potencialmente acalorada.

Tome nota

Minha mãe sabia se comunicar muito bem. Ela transmitia suas expectativas sem precisar escrever um manual. Não sei como ela fazia isso. Nunca fui tão bom assim, mas ela certamente tinha seus meios de nos fazer saber o que ela esperava. Ela se comunicava conosco de um modo que fôssemos capazes de entender. Ela exigia honestidade, muito trabalho, atenção aos trabalhos da escola e disciplina. Os filhos eram a vida dela. Nós fazíamos o que esperavam de nós. A força de vontade dela era enorme. Um de seus maiores medos era de que um dos filhos morresse antes dela. Assim, quando seu filho mais velho, meu irmão, ficou muito doente, ela morreu primeiro. Estou convencido de que ela quis assim.

No mundo dos negócios, grande parte dos executivos não tem capacidade para atuar nesse nível de comunicação. Entretanto, a comunicação escrita é viável, imperativa e não-negociável. É a maneira mais segura de ter certeza de que uma comunicação verbal está sendo verdadeiramente compreendida por ambas as partes. Firmar acordos por escrito é a melhor maneira de evitar mal-entendidos, especialmente nos negócios. Há outras formas de comunicação escrita que são igualmente importantes para os negócios.

Manuais contendo os procedimentos e a política da empresa, por exemplo, são vitais para companhias com metas de longo prazo e métodos de planejamento. Os procedimentos expressam especificamente o que é esperado e exigido. Um procedimento escrito descreve com precisão os passos que devem ser seguidos para se chegar ao resultado esperado. Os manuais que trazem a política da empresa precisam ser continuamente atualizados e ampliados. A política de uma empresa não pode ser estática. Valorizo os manuais de procedimento e de política da empresa tanto quanto o planejamento de longo prazo. Quem não olha para o futuro não tem visão. É importante revisar as políticas e os procedimentos todos os anos porque nos negócios, como sempre digo, nada permanece igual, tudo muda.

Mantenha as linhas de comunicação abertas

Muitas pessoas não conseguem assimilar as informações e o conhecimento transmitidos por outras porque não estão dispostas a ouvir. Você pode aprender com qualquer pessoa. Um associado muito próximo certa vez mostrou-me que a vantagem de viver numa comunidade pequena é entrar em contato com pessoas de várias camadas sociais. Numa cidade grande, a tendência é manter contato com os colegas de trabalho ou vizinhos.

Com relação a mim, por exemplo, ele disse que eu tenho amigos que vão desde operários que ganham por hora até altos executivos e algumas das pessoas mais influentes do mundo. Eu não tinha pensado a respeito até ele ter dito isso. Agora eu percebo o quanto me beneficio por conhecer esses tipos tão variados de pessoa e por poder aprender com elas.

Meu pai nunca chegou a ganhar mais de 75 dólares por semana, mas ele tinha mais bom senso do que qualquer pessoa que eu tenha conhecido. À medida que a minha carreira ia florescendo e eu tinha que tomar decisões mais importantes, eu comecei a procurá-lo com mais freqüência para conversar. Havia ocasiões em que ele não entendia os pormenores técnicos da situação, mas nunca lhe faltavam idéias. Ele me dava uma perspectiva diferente das coisas.

Você nunca sabe quem vai lhe dar uma boa idéia. Você pode aprender com o zelador do prédio, com um fornecedor, com o rapaz da expedição ou com a recepcionista, se estiver disposto a ouvir e aprender.

Quando alguém me conta uma idéia, eu a ouço como se nunca a tivesse ouvido antes. Então eu digo: "É uma grande idéia!" Mesmo que eu já a tenha ouvido pelo menos uma dúzia de vezes. Em uma reunião, algum tempo atrás, um sujeito que me passava a impressão de que tinha uma postura hostil com relação a mim aproximou-se e começou a falar. Descobri que ele não tinha sentimentos hostis. Travamos uma conversa sobre várias filosofias de negócio e ele disse:

— Planeje seu trabalho, trabalhe de acordo com seu planejamento.

Ora, essa fora uma das primeiras coisas que eu aprendi com relação aos negócios uns 35 anos antes. Essas palavras tinham sido repetidas uma centena de vezes, mas não me incomodou ouvi-las outra vez.

— Isso é ótimo, realmente muito bom — eu lhe disse.

Ele ficou radiante de orgulho e continuou a falar sobre algumas idéias originais e interessantes; eu jamais tinha pensado em algumas delas nem ouvido falar a respeito. Se eu lhe tivesse dito depois da primeira afirmação: "Sim, já me falaram isso", nossa conversa teria acabado ali e eu não me beneficiaria dos outros conhecimentos que ele tinha. Por que eu deveria reprimir qualquer tipo de informação? Gosto quando alguém está tentando me ajudar. Muita gente é pega tentando mostrar o quanto é sabida ao dizer: "Eu sei disso".

Há ocasiões em que eu prefiro parecer ingênuo, porque assim as pessoas me falam coisas que de outra maneira provavelmente não falariam. É interessante como as pessoas reagem quando você se comporta como se não soubesse de nada. Elas ficam mais dispostas a compartilhar suas idéias. As linhas de comunicação ficam mais abertas. Eu consegui uma posição favorável em muitas negociações ou situações adversas porque não disse nada do que sabia e, em troca, fui recompensado por tudo o que me disseram. Gosto de trabalhar ou negociar em situações em que as pessoas pensam que são mais espertas ou informadas do que eu. Há muitos casos em que você leva vantagem fazendo-se de ignorante, estúpido ou burro, pois assim consegue ter mais controle sobre os rumos da negociação. Entretanto, você precisa ter perspicácia para saber quando usar esse artifício e quando é importante mostrar que você sabe do que se está falando.

Quando eu estava no ramo de seguros, costumávamos ter algumas estratégias. Uma das coisas que tinham me ensinado a perguntar às pessoas era: "Você pode me dar o nome de alguém que tenha acabado de ser promovido ou que tenha recebido um aumento e possa estar interessado em seguros?"

Quando meu cliente dizia: "Sim, John Brown", eu não respondia: "Ah, sim, eu o conheço". Se eu dissesse isso, o cliente poderia não me dar outros nomes, achando que eu conhecesse todas as pessoas que ele conhecia. Em vez disso, eu sorria e agradecia, e normalmente, como eu mantinha as linhas de comunicação abertas, conseguia mais um ou dois nomes.

Muitas pessoas querem ajudá-lo, basta você pedir. A maioria quer sentir que está ajudando os outros. Então, por que não tirar proveito disso? Esse desejo de ajudar pode tornar seu trabalho muito mais fácil.

Em nosso sistema, nós nos certificamos de que o número de relatórios diretos para cada funcionário seja baixo o suficiente para que ele tenha tempo de tomar conhecimento deles sem *stress* ou pressão. Estimulamos programas que gratificam sugestões e idéias novas, ou "antigas", que aumentem a eficiência e eliminam custos e despesas. Recompensamos com prêmios, na forma de viagens, dinheiro, placas e troféus, sugestões ou idéias que contribuam para melhorar os níveis de desempenho.

Temos uma competição amigável entre os funcionários do mesmo patamar. Os novos empregados, no período de orientação e treinamento, aprendem a compartilhar informações. Temos programas de acompanhamento com listas de itens que devem ser verificados e procedimentos a ser seguidos.

Esse tipo de política é exercido pelos gerentes das lojas e supervisionado pelos gerentes-gerais de cada área, que são, por sua vez, supervisionados pelos gerentes distritais. Estes são supervisionados pelos vice-presidentes regionais, que se reportam diretamente ao nosso vice-presidente executivo e ao nosso diretor-geral.

A informação é filtrada em sua trajetória para cima, para baixo e diagonalmente, mas nunca é descartada ou suprimida sem três opiniões concordantes, com exceção das diretrizes de distribuição. A base da livre informação, que é também a nossa regra mais importante, é a de que ninguém se sinta intimidado por expressar suas opiniões.

Em nossos relatórios de inspeção e observação, vindos de todos os níveis, há um pedido de sugestões e de análise do progresso e do desenvolvimento do nosso quadro de funcionários. Nossa política incentiva a promoção dos funcionários. Tentamos preencher todos os postos com funcionários que tenham condições de ser promovidos. Todos os que estejam trabalhando com alguém com potencial para promoção precisam estar "torcendo por esse candidato" para que ele consiga o cargo. Cada empregado que esteja trabalhando com ele precisa acreditar que ele é a pessoa indicada para o posto. Na minha opinião, a menos que você conte com o respeito e a admiração de todos que o rodeiam, receba o apoio dessas pessoas e perceba que, sejam subordinadas ou superiores, elas querem que você seja promovido, o mais provável é que você precisa se reavaliar.

A correção é feita com o reforço do treinamento

Quer você seja proprietário de um negócio, gerente ou supervisor, sempre vai chegar um momento em que terá de ajudar alguém a corrigir seu comportamento ou o modo de trabalhar. Não conheço ninguém que goste de passar uma reprimenda em um funcionário. O próprio conceito de reprimir e criticar alguém já tem uma conotação negativa e, com muita freqüência, esse tipo de situação causa ressentimentos. É por isso que encaro essas situações como outra "oportunidade de correção". A crítica deve ser sempre construtiva e impessoal.

Quando me vejo numa situação em que sou obrigado a corrigir um empregado, em primeiro lugar eu lhe digo o quanto ele contribuiu para a nossa empresa. Procuro falar sobre situações em que fez um bom serviço. Tento começar a conversa em um tom positivo. Então, trago à tona o problema. Eu descrevo muito sucintamente o que, a meu ver, constitui o problema e por que acho que ele precisa ser corrigido.

Eis uma cena típica. Digamos que haja uma funcionária do processamento de dados ou do processamento de pedidos cujo trabalho não esteja sendo feito a contento. Posso começar dizendo:

— Jane, obrigado por ter feito aquelas horas extras no último mês para poder liberar aquele pedido urgente para nós. Seu esforço realmente nos ajudou a fazer a entrega no prazo.

Então, passo para a oportunidade de correção:

— Mas, nas duas últimas semanas, Jane, percebi que seus pedidos estão confusos. Por duas vezes seus erros nos fizeram perder um carregamento e isso simplesmente não pode acontecer. Você tem alguma idéia do motivo que está fazendo com que você cometa tantos erros ultimamente?

Então eu dou oportunidade à funcionária para que exponha seu lado da história. Juntos combinamos os passos a serem tomados para uma ação corretiva e fazemos planos para nos encontrar depois e avaliar a situação. Agradeço à funcionária pela contribuição que fez à empresa e procuro mencionar alguma outra coisa positiva que ela tenha feito de positivo.

Talvez Jane só precisasse ser lembrada dos procedimentos adequados para dar andamento aos pedidos. Talvez seu trabalho estivesse sendo afetado por problemas pessoais; o marido ou um filho doente. Talvez, como no exemplo do A, B, C

& D, ela só tivesse sido descuidada com o trabalho ou decidido improvisar por iniciativa própria para cortar etapas. Ela pode precisar de um novo treinamento. É melhor aperfeiçoar e corrigir um funcionário que você já tem do que perder o investimento que fez nessa pessoa e ser obrigado a começar tudo outra vez com um novo. Isso acarreta muitas despesas. Tomara que você tenha desenvolvido linhas de comunicação eficientes e ganho o respeito dos seus empregados, pois assim poderá superar momentos e circunstâncias difíceis.

Um meio de se manter acima dos problemas, como já mencionei, é empreender o treinamento constante dos funcionários. Se eles forem lembrados regularmente das responsabilidades de seus cargos, isso ajudará a evitar problemas.

Volto a dizer, comunicação. E repetição. Isso requer a paciência e o esforço de voltar continuamente ao treinamento e à revisão. O lado psicológico é algo delicado! Quando você volta a ensinar algum procedimento que os empregados já aprenderam antes, eles podem achar que você os considera burros. Podem se ressentir da sua "intromissão". Você precisa instituir o reforço de treinamento por meio da política e dos procedimentos da empresa. Fale desse reforço como se já fizesse parte do trabalho. Deixe-os "ensinar" você, quando os estiver treinando novamente; assim, se eles estiverem fazendo tudo certo, você atingiu seu propósito. Se eles estiverem errados, você os corrige simplesmente e sem estardalhaço. "Ora, eu posso mostrar-lhes como se faz isso. É mais fácil fazer assim (que é o procedimento correto e que funcionava tão bem até que eles deixaram de usá-lo), não é verdade?"

4

Procura-se... um Bom Ouvinte

Se eu chegar a um encontro de negócios ou a uma reunião social e você nunca tiver me visto antes, eu me apresento.

— Muito prazer, meu nome é Gene Bicknell. "Tom Box", vai ser a sua resposta, e começamos a conversar. No fim da conversa, eu me afasto e você provavelmente não vai mais se lembrar do meu nome.

Isso já aconteceu com você? Já se perguntou por quê? O motivo é que, enquanto eu estava me apresentando, você não estava me ouvindo. Estava pensando no seu próprio nome, em como se apresentar ou no que falar depois que me dissesse seu nome. Assim, você não gravou meu nome.

A mesma coisa acontece, quase com a mesma freqüência, quando estamos em meio a um debate. Em vez de ouvir a pessoa que está falando, estamos pensando no próximo argumento que vamos apresentar ou na refutação daquilo que nos foi dito. Temos uma tendência a pensar que o que temos a dizer é mais importante do que aquilo que as pessoas estão dizendo.

Você não consegue ouvir nada com a boca aberta

Você já percebeu que Deus nos deu dois ouvidos e somente uma boca? Você não acha que a intenção dele era que usássemos duas vezes mais os ouvidos do que a boca?

Tivemos um executivo em nossa empresa que tinha mais talento do que muitas pessoas que conheci. Infelizmente ele não sabia ouvir. Ele falava sem parar e, quando acabava, embora ficássemos a par de tudo o que ele sabia, ele não sabia nada do que nós sabíamos.

Eu o fiquei observando quando fomos visitar um canteiro de obras. Chegamos juntos ao local e entramos no *trailer* que servia de escritório da construção. Ele espalhou as plantas sobre uma mesa e começou a falar. E continuou falando durante 45 minutos! Ninguém mais disse uma palavra. Na verdade, ninguém conseguia pronunciar uma palavra! Ele falou sem parar para todos os que estavam trabalhando ali; empreiteiros, encanadores e eletricistas. Disse a todos como queria que as coisas fossem feitas, mas não pediu a opinião de ninguém, nenhuma vez. Quando acabou, ele enrolou as plantas e se dirigiu para a porta, sem dar tempo aos operários para que manifestassem suas idéias ou preocupações. Nenhuma oportunidade para que eles lhe fornecessem o que poderia ter sido um dado valioso. O pessoal da construção tinha mais conhecimento do que ele, mas aquele executivo egocêntrico não aprendia nada com eles. Ele estava totalmente equivocado e, com isso, perdeu de vista questões importantes. Felizmente, os operários da construção resolveram os problemas sozinhos, sem nada a dever ao executivo. E, a propósito, noventa dias depois ele já não estava trabalhando conosco!

Nenhum de nós tem todas as respostas

Aos 22 anos, tornei-me supervisor de uma fábrica da companhia de pneus Goodyear. A maioria do pessoal da minha equipe estava no cargo havia quinze ou vinte anos. No meu primeiro dia de trabalho, eu lhes disse:

— Olhem, eu nunca vou saber tanto sobre essa operação quanto vocês.

Todos eles eram capacitados; tinham conhecimento e a experiência que me faltavam.

— Só temos um meio de sermos bem-sucedidos — eu lhes disse. — É vocês me ajudarem a aprender.

Eu lhes disse que faria o melhor possível para lhes dar assistência naquilo que eu pudesse, mas que teríamos de trabalhar juntos. Ao respeitar seu conhecimento e suas aptidões, eu os encorajei a compartilhar isso comigo. Ao ouvi-los, eu me conservei aberto para aprender com eles. Como resultado, nossos índices de produtividade foram muito altos e fomos escolhidos por muitas companhias para testar automóveis.

Quanto mais você se comunicar, ouvir e pedir ajuda, mais ajuda vai conseguir. Muitas pessoas fracassam *porque pensam* que deveriam ter todas as respostas e tomar todas as decisões. Não querem pedir ajuda ou receber informações de outras pessoas porque acham que isso é um sinal de fraqueza. Acreditam, erroneamente, que quando se dispõem a ouvir as outras pessoas e dividir informações com elas estão abrindo mão do seu "controle".

Os melhores executivos, supervisores e funcionários são aqueles dispostos a pedir ajuda e então prestar atenção às sugestões que lhes são dadas.

O ego diz: "Ouça-me. Sou esperto. Tenho todas as respostas". Mas, para ter bons relacionamentos nos negócios, temos de controlar essa voz. Temos de nos dispor a aceitar e expressar a idéia de que nenhum de nós tem todas as respostas.

Quando está no mundo dos negócios, você depende de outras pessoas para fazer o trabalho pesado por você e para lhe dar informações confiáveis. Se houver um problema, as opiniões e sugestões de outros podem resultar numa solução. Para saber com o que está lidando, você precisa de toda a informação e orientação que puder conseguir.

A disposição para ouvir ajuda a formar a equipe

Se abrir um escritório e pendurar na porta uma placa onde se leia simplesmente "Ouvinte", você terá um volume trabalho de que jamais dará conta. Simplesmente não há ouvintes em número suficiente no mundo. Muitas pessoas suplicam por alguém que ouça seus problemas ou pensamentos. Elas pagarão bem para serem ouvidas.

Isso lhe parece muito pouco atraente? Há gente que está ávida para encontrar alguém que se importe com o que está acontecendo na sua vida. Se não acredita em mim, qualquer noite destas tente assistir a um dos programas de bate-papo transmitidos pelo rádio.

Um de meus filhos e eu tivemos uma conversa há alguns meses. Foi um papo excelente, provavelmente um dos melhores que já tivemos nos últimos tempos. Sabe por quê? Só ele falou, eu apenas escutei.

Minha filha, Diney, certa vez me deu outra lição sobre a arte de ouvir. Ela me mandou um cartão no Dia dos Pais, no qual estava escrito do lado de fora: "Sim, Papai; Sim, Papai; Sim, Papai" umas 25 vezes. Abri o cartão para descobrir mais dez "Sim, Papai". Bem no final, estava escrito: "Fico feliz por termos tido essa pequena conversa". Embora a intenção fosse fazer uma brincadeira, esse cartão causou-me uma profunda impressão.

Por que parece que, quando se trata de ouvir os filhos, muitos pais estão sempre muito ocupados? Penso que achamos muito difícil ouvir as crianças porque, como adultos, sabemos o quanto elas podem ser irracionais e irrefletidas. Lembra-se de um comentário meu anterior sobre todas as liberdades e privilégios que elas querem ter, mas para as quais ainda não estão preparadas? Paralelamente a esses típicos padrões humanos de comportamento, é importante lembrar que as crianças são adultos a quem faltam a experiência, a informação e a educação que os adultos têm. Mesmo que não possamos permitir que as crianças tomem decisões que não deveriam tomar, é importante deixar que elas saibam que estamos ouvindo o que estão dizendo. Podemos não concordar com o que elas dizem, mas elas têm direito a dar opinião.

Embora meus filhos talvez nem tenham consciência disso, eu aprendi algumas coisas com cada um deles. Eles podem ser meus filhos por obra do acaso, mas são meus amigos por escolha. Isso estava escrito em uma outra placa que me foi presenteada por um dos meus filhos.

Gena ensinou-me como fazer amigos graças à honestidade e à bondade.

Mitch é o homem mais terno que eu já conheci. Ele me ensinou a ser humilde e a deixar que a "última palavra" parta da outra pessoa, em vez de deixar que a discussão se prolongue.

Mike me fez perceber que ter muito talento natural sem saber o que se quer fazer é algo que deixa a pessoa hesitante e irrequieta. Até que encontre seu caminho, a inteligência superior causa *stress* e constrangimento. Uma vez direcionada, essa energia pode conquistar tudo.

Marty ensinou-me o valor da estabilidade. Assim que chegou à maturidade da idade adulta, ele me mostrou como a vida pode ser prazerosa quando você a vive do modo certo.

Quando ouvimos e observamos, aprendemos. Ouvir um filho ou um subordinado exige o total conhecimento de que a capacidade de manter a boca fechada, mesmo que você seja um modelo de pessoa, é ainda uma oportunidade para aprender.

Não é suficiente dizer às pessoas que você está ouvindo o que elas dizem

Quando chamar outras pessoas para ajudá-lo, por exemplo, num *processo de tomada de decisão*, anote todos os comentários feitos, de modo que você não possa se esquecer e — o mais importante — que elas saibam que estão sendo levadas a sério. Então, você precisa ir mais além. Se uma das pessoas que se pronunciou forneceu um dado que ajudou você a tomar a decisão, *deixe que essa pessoa saiba disso*. Por outro lado, se você não acatou o que foi sugerido, esteja preparado para expor as razões que o levaram a tomar outra decisão. Nada é mais frustrante para um associado do que perceber que não está sendo ouvido, especialmente se você lhe pediu um conselho. Como líder de sua empresa, você precisa fazer com que seus empregados se sintam à vontade para se expressar e tenham a certeza de que suas opiniões e suas informações não têm valor apenas no que diz respeito às decisões ou crises mais imediatas.

O silêncio pode ajudá-lo a conseguir mais informações

O truque para ouvir com eficiência é ligar os ouvidos e desligar a boca. Isso é difícil especialmente quando você tem uma opinião ou uma afirmação que está queimando a língua! Da próxima vez que isso acontecer com você, tente manter a boca fechada. Fique quieto. Deixe a outra pessoa continuar falando. Esse é um teste de verdade! O silêncio perturba a mente. Você acha que precisa dizer alguma coisa, mas *não precisa*. Um minuto vai lhe parecer uma hora. Não desista e não seja o primeiro a falar. Espere e você ficará satisfeito com os resultados.

O silêncio é incômodo para as pessoas e é também por isso que sentimos tanta dificuldade em permanecer calados. Digamos que você se preocupa com determinado empregado e tenha reunido fatos e informações suficientes para procurá-lo e conversar a respeito. Tente não monopolizar a conversa.

Depois de ter externado suas preocupações, deixe que o outro se explique. Não interrompa. Não julgue. Se a pessoa não apresentar uma explicação conveniente, deixe que o silêncio impere por um ou dois minutos. O silêncio vai ser incômodo para vocês dois. Alguém vai se sentir obrigado a preencher o vazio. Deixe que seja o empregado. Talvez ele dê mais explicações sobre seu comportamento. Ouça o que ele tem a dizer. Faça perguntas, mas não tente dar sua opinião sobre por que ele está agindo dessa forma. Deixe que o outro forneça a informação e então, de posse dela, faça o que for melhor para a empresa.

Você precisa se importar de fato

Se você não for um bom ouvinte, ainda não é tarde demais. Você pode se tornar um bom ouvinte se for uma pessoa sincera. Muitos executivos e homens de negócio estão constantemente ocupados. A mente deles trabalha o tempo todo. Porque têm tanta coisa para fazer, eles tomam atalhos. Sentem que não têm tempo ou disponibilidade para analisar todas as opiniões e ouvir as pessoas.

Para realmente ouvir os outros, você precisa se interessar pelo que eles dizem. Se você quiser que seu negócio seja bem-sucedido, você PRECISA se importar com seus empregados e clientes.

Se ficar com medo ou ressentido quando ouvir informações negativas, então você não terá informações factuais. Os que estiverem envolvidos na discussão vão perceber sua atitude e guardar para si seus comentários. Isso é particularmente verdadeiro se você for o supervisor ou ocupar um cargo elevado na escala hierárquica.

As pessoas, em sua maioria, querem proteger seu próprio bem-estar e não vão ser idiotas a ponto de irritar seu chefe. Elas podem até mesmo não querer irritar os colegas que ocupam o mesmo nível hierárquico.

Se você aperfeiçoar sua capacidade de ouvir, vai perceber que o que as pessoas ouvem com freqüência é posto fora do contexto. **As pessoas ouvem o que querem ouvir**. Por conveniência ou pura falsidade, vão alegar que você disse algo diferente do que realmente disse. Tenha certeza de que está ouvindo e entendendo o que está sendo dito.

Para ilustrar essa questão, deixe-me contar uma história que o meu amigo Jimmie Rodgers me contou: Um pato entra numa joalheria e pergunta ao dono:

— Vocês têm comida para pato?

O proprietário responde:

— Aqui é uma joalheria, não vendemos comida para pato aqui, vendemos jóias.

O pato sai, mas volta no dia seguinte, entra e diz:

— Conseguiu a comida para pato?

O proprietário fica agitado e diz:

— Você é o mesmo pato que esteve aqui ontem! E eu lhe disse na ocasião que não vendíamos comida para pato e continuamos não vendendo! E agora ponha-se daqui para fora.

No terceiro dia, o pato volta mais uma vez:

— Chegou a comida para pato?

O joalheiro, nervoso, diz:

— Escute aqui, você veio aqui três dias seguidos pedindo comida para pato! Se você vier mais uma vez eu vou pregar no chão esse seu pé de pato!!!!

No quarto dia, o pato volta novamente. O joalheiro entra em estado de choque.

— Tem pregos?

Atônito, o joalheiro responde:

Esta é uma joalheria, não vendemos pregos.

O pato responde:

— Tem comida para pato?...

Ouvir é uma capacidade e uma arte, mas também uma característica que precisa ser desenvolvida. A convicção é o elemento mais forte! Você precisa querer ser um bom ouvinte!

1. Consigo repetir aquilo que ouvi? (*Faça isso!*)
2. Eu compreendi o significado do que foi dito? (*Pergunte!*)
3. Eles acreditam no que estão dizendo? (*Leia nos olhos e na voz deles*)
4. Até que ponto eles acreditam no que afirmam?
5. Como eu realmente me sinto, lá no fundo, com relação ao que eles dizem?

Se você puser em prática sua capacidade de ouvir, saiba de que não será bem-sucedido em sua tentativa de tornar-se um bom ouvinte se não estiver sendo sincero nesse propósito. Ouvir é uma aptidão pessoal. Você precisa realmente se importar com as pessoas e gostar delas, porque ouvir faz parte do cuidado que tem com elas.

Muitas aptidões pessoais são difíceis de desenvolver quando você não gosta realmente das pessoas. Aceite diariamente, ou pelo menos semanalmente, o desafio de aprender tudo o que puder sobre as pessoas com quem você convive. Pergunte-lhes sobre a vida delas, sobre como foram criadas, sobre suas decisões diante das escolhas que a vida lhes apresenta. Escute e guarde na memória. Pergunte sobre a família delas, seus sonhos de infância, sua educação e seus *hobbies*. Ouça as tragédias, as realizações, as experiências. Pergunte se houve alguma coisa que mudou a vida delas. Pergunte-lhes por que escolheram a ocupação e o campo de estudos a que se dedicam.

Faça isso, repetidamente, com diferentes pessoas. Você ficará surpreso com a resposta que vai receber delas e com a influência que exercerão sobre o seu comportamento com relação a outras pessoas à sua volta.

5

O que Você não Sabe PODE Machucá-lo

À medida que uma pessoa segue uma carreira, ela vai ganhando experiência e conhecimentos que a ajudam ao longo do caminho, até que finalmente se torne uma especialista em sua área.

Conheço muitas pessoas que ficam felizes ao encontrar um nicho ou uma função em que possam trabalhar confortavelmente e permanecer pelo resto da vida, sem enfrentar desafios. Isso é bom para algumas pessoas, mas não é para aquela que pretende crescer na vida profissional e elevar substancialmente seu nível de renda ou de especialização. Não conheço ninguém bem-sucedido que não tenha tido uma sede quase insaciável por conhecimento e um desejo contínuo de crescer intelectual, profissional e socialmente.

Quando você pensa sobre isso, percebe que adquirir conhecimento ao longo da sua vida profissional é realmente muito fácil e pode ocorrer de três modos: passivamente (recebendo informações de alguém), testemunhando (observando o que acontece com outras pessoas em diversas situações) e passando pela experiência (aprendendo ao se dedicar à vida acadêmica ou estudando por conta própria).

O primeiro modo de adquirir conhecimento é receber informações de pessoa ou de fontes confiáveis. Prestamos atenção à informação que nos está sendo transmitida e aprendemos com ela. É um aprendizado passivo, mas ainda assim é importante.

Essa forma de conhecimento é exemplificada no relacionamento pai e filho ou professor e aluno. É quando uma pessoa com experiência ou autoridade passa a informação para alguém que não tem a mesma experiência. Infelizmente, como a maioria dos pais sabe, os filhos nem sempre acreditam que seus pais tenham a inteligência ou o conhecimento que dizem ter. E alguns empregados simplesmente não crêem em seu chefe quando ele lhes fala sobre os fundamentos de uma idéia ou de um conceito. Exatamente como os pais parecem adquirir conhecimento à medida que os filhos crescem, parece que os empregadores o fazem conforme seus empregados cometem erros.

Podemos dizer a nossos filhos que eles não devem dirigir em alta velocidade. Nós lhes dizemos para não usar drogas ou ingerir bebidas alcoólicas. Os jovens podem ouvir alguns desses conselhos, aproveitar o que eles querem aceitar e sabemos o que normalmente acontece com o resto desses conselhos. É por isso que o aprendizado passivo é importante, mas não é o meio mais eficaz.

O segundo modo de aprendizado é observar o que acontece com outras pessoas. Se você vê um amigo ou um conhecido preso por ingerir drogas, por dirigir sob influência delas ou por roubo, imediatamente você percebe que não quer que isso aconteça com você. É muito fácil ver os resultados quando a coisa acontece com outra pessoa. Muitas vezes, podemos até agradecer a nossa boa estrela por NÓS não termos sido pegos quando estávamos fazendo o que outros foram pegos fazendo. Isso pode provocar em nós uma mudança de comportamento, e assim teremos adquirido conhecimento. Entretanto, essa forma de adquirir conhecimento não precisa estar sempre relacionada a coisas tão negativas como prisões ou erros cometidos por outras pessoas. Do mesmo modo, podemos aprender observando pessoas bem-sucedidas.

Existe um tesouro de informações e recursos que pode ser facilmente "estudado" em determinados indivíduos ou modelos que admiramos. Embora a imprensa pareça divulgar principalmente os acontecimentos negativos, existem muitas publicações que enfocam a análise de pessoas e empresas bem-sucedidas. Sempre me surpreendeu o grande número de pessoas bem-sucedidas que estão espalhadas pelo mundo e são "iguaizinhas a mim". Vivem em comunidades menores; começaram seus negócios com muita moderação e seguiram valores conservadores para manter o sucesso de seus negócios. Acompanhei a carreira de empresários bem-sucedidos como os Leprinos e os Athertons e aprendi com eles.

Uma palavra de ordem — ficar sob a orientação de um "mentor" — circulou há alguns anos. Pode parecer um clichê, mas ser orientado por um mentor é muito importante para ganhar conhecimento. É ter a oportunidade de ficar sob as asas de alguém e ser guiado pela trilha do aprendizado. Um mentor é mais do que um professor ou instrutor. Um mentor assemelha-se mais a um amigo ou um associado próximo que realmente se preocupa com o sucesso do outro indivíduo. As pessoas que conseguem achar um associado tão íntimo têm muita sorte. Elas têm recursos incorporados para adquirir toda sorte de conhecimento nos negócios ou na área profissional.

O terceiro, e provavelmente mais importante, modo de adquirir conhecimento é por intermédio da experiência. Nos negócios, nada supera a experiência. Todos nós aprendemos à medida que seguimos em frente. Cada dia traz uma lição de vida se estivermos alertas e conscientes disso.

É como a criança a quem o pai diz para não se aproximar da chama do fogão porque pode se queimar. Mas a chama é tão linda e tão atraente, e a criança sente que precisa tocá-la... Quando a queimadura ocorre e a criança está chorando de dor, é o momento em que a lição realmente é assimilada. A criança muito provavelmente não vai tocar a chama outra vez.

Assim também ocorre no mundo dos negócios. Bons empresários e executivos observam cada decisão ou atitude tomada e refletem sobre o que deu certo, o que deu errado e o que precisa ser mudado. Todo dia traz uma nova experiência e uma nova lição a ser aprendida.

O conhecimento, do modo como o visualizamos, é muito diversificado. O conhecimento precisa ser recolhido e peneirado, junto com a realidade. É necessário ter a mente aberta e alerta para aproveitar todas as oportunidades de aprender. Precisamos ter a capacidade de armazenar esse conhecimento e de utilizá-lo quando necessário.

Mais uma vez, refiro-me à afirmação: "Funcionava tão bem que deixei de usá-lo". Muitas vezes precisamos ser lembrados de coisas que já sabemos, assim podemos voltar a fazer as coisas da maneira certa e usar o bom senso que acumulamos por intermédio da nossa experiência.

Precisamos acumular toda informação que pudermos e aprender com os outros e com a nossa própria experiência à medida que conduzimos nossa carreira na direção que queremos que ela siga.

Conhecimento é poder

O conhecimento é contagioso. Quanto mais você tiver, mais vai querer. O conhecimento pode vir do seu próprio intelecto ou pode vir de outras pessoas. O fundador do Holiday Inn, Kemmons Wilson, disse com muita propriedade: "Uma libra de conhecimento exige dez libras de bom senso para aplicá-lo".

Olhe em volta para aquelas pessoas que você considera líderes ou grandes realizadores. Suspeito que você vai perceber que essas pessoas parecem nunca perder a vontade de aprender. Estão sempre tentando desenvolver ou desenvolvendo suas aptidões e seu conhecimento. Jamais ficam paradas; nunca estão estáticas.

Ninguém pode saber tudo. Isso seria impossível. Entretanto, você pode saber onde encontrar qualquer informação e pode deixar que outras pessoas o ajudem. Isso nos leva de volta ao tema da aptidão pessoal. Se você for um bom comunicador e um bom ouvinte, o conhecimento virá até você. Conhecimento é liberdade. Temos a liberdade e o direito de adquirir todo o conhecimento que quisermos. Às vezes, não damos valor a essa liberdade.

É muito mais do que se aprende nos livros

Lembra-se de quando você era criança e mal podia esperar o dia em que pudesse deixar a escola? Eu me lembro. Às vezes eu pensava comigo mesmo que, no dia em que deixasse a escola, eu já saberia tudo de que precisava para progredir na vida.

Essa é a visão estreita de um jovem imaturo. É claro que, se formos espertos, nossa educação não terminará nunca, mesmo quando tenha acabado o "aprendizado dos livros".

Do mesmo modo que o conhecimento nos dá liberdade, ele também nos proporciona informações, sabedoria e lucidez. A atual tecnologia mundial nos dá todo o tipo de informação a que jamais julgamos ter acesso um dia. Há tanta informação circulando que seria impossível ter acesso a todas elas. Sei que existem informações por aí que podem me ajudar a dirigir melhor meus negócios e a tomar decisões mais lúcidas. Algumas dessas informações chegarão a mim naturalmente, por intermédio do trabalho diário. Cada experiência me fornece informações e conhecimento adicionais. Tanto o sucesso quanto o *erro* aumentam meus conhecimentos.

Existe outro tipo de conhecimento que exige de mim um papel ativo para atingi-lo. Algumas vezes, preciso chamar alguém ligado aos meus negócios ou um amigo para que me dê um conselho. Ou eu tenho de ir em busca de material de consulta para me ajudar a encontrar respostas ou entender uma situação.

Quando você percebe o quanto você realmente não sabe, pode ser humilhante. Não importa o quanto você é bem-sucedido, todo empreendimento tem um tipo de risco e uma espécie de curva de aprendizado.

Muitas empresas estão se aventurando no mercado internacional. Não somos exceção. Eu colaborei para abrir a primeira Pizza Hut fora dos Estados Unidos. Essa filial seria em Vancouver, no Canadá. Era necessário um sócio canadense, já que as leis e as restrições canadenses às importações tinham se tornado um obstáculo que precisávamos transpor. Escolhemos nosso agente imobiliário em Vancouver. Essa experiência me ajudou a aprender muito sobre negócios fora do meu país. Depois disso, tenho passado por muitas outras experiências, em muitos outros países espalhados pelo mundo, que consolidaram esse conhecimento.

Conhecemos os hábitos, as práticas e o estilo de vida dos outros países e como eles afetam o modo de negociar com eles. Não se pode impor as práticas comerciais norte-americanas sobre as outras culturas. É preciso aprender os costumes e as práticas comerciais dos outros países e tratá-los com respeito. Essa é a única lei universal aplicável ao mercado internacional — trate os indivíduos e seus costumes com respeito!

A civilidade e a gentileza valem para todos os países. A cordialidade, a amizade, as atitudes positivas e os elogios operam maravilhas. Se tiver a mente aberta e der adeus às idéias preconcebidas, você vai viver muitas experiências novas e emocionantes, bastando para isso que esteja disposto a aprender.

A expressão que está na moda agora é "mudança de paradigma". Um paradigma é um método preconcebido de operação. Simplificando, é a síndrome do "modo como sempre foi feito". Quando deixa de lado um paradigma estabelecido, você abre sua mente para fazer as coisas de um modo totalmente diferente. Você explora as possibilidades, sejam elas realistas ou não.

Nosso mundo e nossas culturas em transformação estão fazendo com que todos nós mudemos nossos paradigmas. O "modo como sempre fizemos as coisas" provavelmente não vai funcionar no futuro. As pessoas dispostas a adquirir conhecimento estão prontas para explorar as possibilidades e oportunidades que as outras afastam ao se fechar.

Preste atenção às pessoas que dizem: "Sem problemas", a frase mais universalmente utilizada no mundo global dos negócios. Muitos cidadãos de diferentes culturas vão concordar com você e depois fazer corpo mole ou deixar de cumprir o que prometeram.

As experiências de primeira mão são as melhores

Como eu já disse antes, fiquei espantado com o tanto de inteligência que meus pais adquiriram no período entre meus 16 anos e os 21. Por algum motivo, aos 21 eu percebi que eles tinham informação e conhecimento e que eu podia aprender com eles. A partir dos vinte e poucos anos até a ocasião da morte deles, sempre me mostrava interessado e pedia suas opiniões e pontos de vista sobre quase tudo o que eu fazia. Nem sempre segui seus conselhos, mas eles sempre me garantiam uma perspectiva diferente.

Quando eu tinha 18 anos, eu olhava meus pais e via neles apenas um conhecimento limitado. Então, aos 21, olhei de novo e fiquei espantado com a quantidade de coisas que eles tinham aprendido. Em três anos eles tinham se tornado tão instruídos que fiquei imaginando como eles tinham conseguido aquilo em tão pouco tempo. O que aconteceu comigo entre os 18 (quando eu sabia tudo) e os 21 (quando percebi o pouco que eu sabia)? Vivi experiências! Testemunhei muitos fatos.

Você aprende mais com as experiências de primeira mão do que ao ler um texto ou ao ouvir as palavras de alguém. Isso é aprendizado acadêmico *versus* a experiência no mundo real. Quando molha os pés e mergulha no mar, você é obrigado a enfrentar as ondas. Vai adquirir conhecimento rapidamente. É como se você descobrisse o quanto uma pessoa é durona ao brigar pela primeira vez com ela. A propósito, quando trocar socos com alguém, sorria sempre, assim, quando o adversário o acertar, vai rachar apenas um de seus lábios.

Na área profissional, os programas de treinamento ativo proporcionam essa experiência de primeira mão para seus empregados e para os candidatos a um cargo. Não basta enviar-lhes um memorando ou lhes dar um manual com a política da empresa quando eles entram na sua sala. É preciso mostrar aos empregados como fazer o trabalho que se espera que eles façam. Eles precisam ser treinados para saber ler e interpretar um pedido. É preciso mostrar-lhes os passos necessários para dar entrada num pedido, e então eles têm de se sentar e dar entrada no pedido eles mesmos.

Retornemos ao processo A, B, C & D. Você pode lhes falar e mostrar-lhes tudo, mas até que eles estejam sentados diante do computador com suas notas e seu conhecimento e dêem entrada em seus primeiros pedidos, eles não vão realmente compreender. E cometerão erros.

Por quê?

Porque eles ainda não executaram o processo o número suficiente de vezes para realmente saberem o que estão fazendo. Somente ao fazê-lo, eles vão aprender o trabalho que estão realizando. E quanto mais praticarem, mais executarem o trabalho verdadeiro, melhores eles serão.

O processo de treinamento leva tempo. Muitas vezes leva semanas ou até meses. Por isso é tão importante reforçar periodicamente o treinamento dos funcionários. Ter empregados bons, antigos e bem treinados ajuda uma empresa a funcionar com precisão. A rotatividade e o treinamento constante de novas pessoas é um escoadouro de dinheiro numa empresa e um indício de que alguma coisa está errada com o modo de operar. Dependendo do aspecto técnico de sua operação, pode levar de seis meses a um ano para um empregado tornar-se um investimento rentável em sua empresa. O treinamento representa um custo alto em tempo e dinheiro quando você dirige um negócio, mas é essencial. O trabalho não pode ser feito sem ele. Os empregados não podem executar seu serviço sem o conhecimento adquirido por meio do treinamento.

Reforçar o treinamento é ainda mais importante. A repetição do treinamento apóia a base do nosso conhecimento. Os empregados mais importantes que você tem são aqueles que conhecem o serviço e o fazem bem. *Treinar é essencial. Repetir o treinamento é imperativo!*

Observe todos os ângulos

Meu poeta favorito é T. S. Eliot. É o poeta da profundidade e da grandeza. Quando leio um de seus poemas consigo identificar cinco ou seis significados diferentes contidos na estrutura de seus versos.

Anos atrás, numa discussão sobre filosofia, atitudes e opiniões, meu interlocutor perguntou:

— Você já leu Georgier, um filósofo russo do século XIV?

Eu não tinha lido, então ele me disse:

— Espere um pouco.

Ele saiu, foi até uma livraria, comprou o livro e o trouxe para mim. Era um livro de oitenta páginas, de capa dura, e eu pensei: "Ótimo, oitenta páginas, posso ler isso em trinta ou quarenta minutos".

Ledo engano!

Li a primeira página e parei para pensar. Li a segunda página e, então, voltei e li novamente a primeira página. Li a terceira página e voltei a ler as duas primeiras. *Cada vez que eu as lia, descobria novos aspectos sobre os quais eu deveria refletir.*

Isso é o que é um verdadeiro filósofo! Isso é o que tentamos executar com nosso esquema de negócios. Você precisa observar de todos os ângulos e tentar prever todas as possibilidades. Tentamos abordar de modo filosófico e moderado o modo como conduzimos os negócios para conhecer a opinião das outras pessoas. Elas vão aparecer com idéias e maneiras novas de olhar as coisas e isso proporciona oportunidades de aprendizado para todos nós. Muito do conhecimento dos nossos empregados e associados não é trazido à luz porque não nos empenhamos para obtê-lo ou para incentivar a participação dessas pessoas. Compartilhar o conhecimento é estimulante em todos os níveis.

Seja sempre organizado

Com poucas exceções, a maioria dos executivos atarefados chegou a essa posição porque trabalha duro e procura aprender mais sobre o que faz. Os executivos cuja agenda está sempre cheia sentem-se, em sua maior parte, motivados para continuar a adquirir conhecimento. Essa é uma qualidade essencial. Se um executivo for muito ocupado para aprender, ele não será um executivo por muito tempo. Para nunca interromper essa busca por conhecimento, é importante ter um senso de organização sobre seu negócio e sua vida. É preciso reservar um tempo para o aprendizado.

Isso é conseqüência de planejamento, preparo e um bom aproveitamento do tempo. Se você for organizado, não importa o quanto você for ocupado, vai encontrar meia hora ou uma hora para ler um livro motivacional. (Experimente a Bíblia. É um dos livros mais motivacionais que eu conheço.) Prepare anotações ou perguntas necessárias para o seu encontro de amanhã. Tome nota das idéias. Prepare-se. Passe alguns minutos analisando o que aconteceu durante o dia e reflita se você agiu certo ou se fez algo errado. Como você poderia lidar melhor com essa situação no futuro? Isso é adquirir conhecimento. Parece simples e é. Mas é uma liberdade muitas vezes negligenciada ou pouco valorizada. Pense sobre isso da seguinte maneira... se Deus lhe deu um corpo de funcionamento perfeito, porque você lhe causaria danos usando drogas, ingerindo álcool ou tendo qualquer outro comportamento irresponsável? Se tiver bom senso, você não vai fazer isso. Deus deu aos seres humanos uma mente e sede de conhecimento e aventura. Por que não tirar vantagem desse grande dom? Use-o. Não o desperdice.

Leia sobre as grandes aventuras em que os exemplos são bons e ruis. Pessoas que usaram seus talentos dados por Deus de maneira boa e aqueles que fizeram mau uso deles. Ditadores que impuseram sua vontade e seu egocentrismo sobre os fracos e desamparados. Os reis que se importavam com seus súditos e os que não se importavam. O descuido e a falsidade de soberanos com relação ao seu povo. Jesus só ensinou o amor e o perdão e foi crucificado por isso. Do mesmo modo, muitos que amam e se preocupam muitas vezes são condenados. As pessoas mais generosas e responsáveis são freqüentemente as mais criticadas e castigadas. Aqueles que se beneficiam dessa generosidade e bondade são os primeiros a encontrar defeitos.

A sociedade e o descaso pela vida e pelas regras (leis)

Estamos criando uma sociedade (pelo menos em parte) de atitudes e enfoques descuidados e irresponsáveis com relação a tudo na vida. Damos as costas a pessoas inocentes que estão sendo espancadas, roubadas e violentadas e ignoramos os gritos de socorro porque não queremos "nos envolver".

Quando nos atrasamos para reuniões ou para o expediente de trabalho ou não aparecemos quando somos esperados, somos mal-educados, desatenciosos e irresponsáveis. As pessoas precisam de estrutura na vida para serem produtivas e eficientes. Quando pessoas desestruturadas convivem com pessoas estruturadas isso normalmente causa conflito e rompimentos.

Agora chegamos naquilo que é a sua prioridade. O que você quer ser? O que é importante para você? Você quer ser atencioso, eficiente e responsável ou você simplesmente não se preocupa com nada? Você é egoísta, egocêntrico, extravagante, egotista ou totalmente indiferente com relação às outras pessoas? Se for assim, nada do que você ouvir ou ler vai mudá-lo.

Estamos aqui para lhe falar sobre como aperfeiçoar-se porque isso o ajudará a progredir na vida, deixando-o mais feliz e satisfeito. Às vezes, você pode ficar se perguntando se vale a pena fazer coisas boas, se elas serão apreciadas e por que está desperdiçando seu tempo (você não está!), mas a longo prazo isso vai favorecê-lo. Acredite, as pessoas que se preocupam e tomam atitudes que beneficiam os outros com o passar do tempo são reconhecidas e recompensadas.

Não pratique boas ações esperando recompensas ou elogios. Só as faça se forem sinceras, pelo amor à humanidade.

A aquisição de conhecimento é um objetivo para a vida inteira. Você simplesmente não pode parar de aprender. Faça boas coisas e pratique boas ações. Isso vai fazê-lo se sentir bem consigo mesmo e essa é a maior recompensa de todas.

Reconhecer o conhecimento alheio e a fonte de recursos que isso significa é uma característica que também deve ser desenvolvida. Se deixarmos de levar em conta ou de reconhecer a sabedoria daqueles que trabalham conosco, colegas ou superiores, podemos estar cometendo um grande erro.

Um dos meus associados, a quem promovi a um posto elevado, cometeu o erro de dizer a outro associado que eu não entendia do negócio. Eu não disse a essa pessoa que sei que ela fez tal afirmação porque isso não levaria a nada.

Por que uma pessoa faria uma declaração dessas? Muito provavelmente para se sentir superior, dando a entender que sabe mais do que a pessoa de quem está falando. Pode ser para desacreditar seu superior e se fazer parecer melhor do que realmente é. Ou para impressionar um associado. Ou para provar um ponto de vista. O motivo não é realmente o que importa, a questão é que você se coloca numa posição de vulnerabilidade quando diz algo negativo que não pode provar. Não deixe sua boca sobrepujar seu cérebro. Não se ganha nada quando se faz um comentário depreciativo. Lembre-se do velho adágio: "Se não tiver nada de bom para dizer, fique de boca calada".

Seja um exemplo para seus filhos e mostre a eles a importância de tratar os colegas de escola com respeito, amizade e bondade. Ao encorajá-los a tratar todos de maneira igual e a incluir todo mundo nas atividades, você vai firmar em seus filhos um comportamento apropriado e padrões de aprendizado positivos, além de ensiná-los sobre a importância de travar bons relacionamentos com todas as pessoas.

Você nunca sabe quando alguém com quem teve um contato anterior vai ser um elemento-chave de uma situação futura. Tratar bem uma pessoa pode lhe ser útil mais tarde. Mesmo que isso nunca aconteça, você deixa uma boa impressão e desperta bons sentimentos quando demonstra seu respeito às pessoas. A impressão que deixamos naqueles que cruzam nossa vida permanecerá por muito tempo depois que nos afastarmos. Por que fazer qualquer coisa que não seja gentil ou boa? Simplesmente porque não é uma atitude inteligente. Ter relacionamentos positivos com as pessoas sempre fez com que eu me sentisse bem.

6

Ego — Cuidado com o Topo do Mundo

1. Não há limite para o que você pode alcançar ou realizar, se você não se importar com quem vai levar os créditos.
2. Trabalhar com espírito de equipe é o segredo do sucesso.

Infelizmente, quando o ego do indivíduo exige atenção, muitas vezes é o líder da equipe que impede o trabalho em grupo.

O ego é o inimigo do trabalho em equipe. O ego diz: "Olhe para mim. Veja o que eu fiz. Não é maravilhoso?"

É claro que o ego pode ser uma força motivadora, mas quando não controlado, pode arruinar uma equipe. Para que uma organização seja bem-sucedida, todos os membros precisam trabalhar tendo em vista o mesmo objetivo. O ego só trabalha para si mesmo.

O ditado favorito de um treinador de futebol americano que eu conheço é: "Não existe nenhum 'eu' na palavra time". Como treinadores (CEOs, gerentes, supervisores), precisamos trabalhar para eliminar o "eu" dos nossos times e do nosso comportamento. Precisamos pôr nosso ego de lado e trabalhar para a equipe.

Mantenha o ego sob controle

O ego é um grande motivador. O ego por si só é um impulsionador, um estimulante e todos nós temos um ego. O desafio é não deixar o ego anular o bom senso. Precisamos ter a capacidade de decifrar e selecionar os fatores que desejamos conservar, separando-os dos que não desejamos.

Se nosso ego domina nossa personalidade, domina a conversa num grupo ou não sabe ouvir, então perdemos muitas oportunidades importantes. O ego fica em evidência e as pessoas o reconhecem.

Há alguma coisa com relação ao ego que impede bons relacionamentos. Se você quer observar egos no auge de sua eficiência e destrutividade, olhe para os atletas. Os astros do atletismo normalmente são pessoas agradáveis e, embora tenham um ego, ainda assim tratam todos da maneira como gostariam de ser tratadas. Entretanto, há alguns excelentes atletas que nunca atingem o profissionalismo porque ficam muito presos ao próprio ego. Uma das queixas com relação aos esportes hoje em dia é que existem muitos superastros mas não supertimes em quantidade suficiente para aproveitá-los. Elevar certos atletas acima do nível de seus colegas pode desmoralizar o time. Afinal, não conheço muitos esportes em que um jogador possa substituir o time inteiro. Um jogador pode dominar, mas ele ainda precisa do apoio do resto do time para brilhar. Não importa que o centro-avante seja um craque, se não tiver ninguém para lhe passar a bola, ele não é nada.

Gosto quando as pessoas me dizem que eu não sou diferente agora do que era quando não tinha nada. Também gosto quando dizem que eu trato todos da mesma maneira, independentemente da posição social ou da importância da pessoa. Eu acredito verdadeiramente que toda pessoa, não importa sua condição financeira ou posição social, merece cordialidade e respeito. Acredito também em tratar os jovens com respeito. O erro que muita gente comete com os jovens é falar com eles de uma maneira quase simplória. Como eu já disse antes, as crianças são apenas adultos em compasso de espera. O que lhes falta apenas é a experiência e a vivência que os adultos já tiveram.

O ego é como uma força. É como uma corrente elétrica. Pode funcionar em 110 volts como em mil volts, dependendo da maneira como é utilizada. O ego nos controla se permitirmos. Nós precisamos controlá-lo. Precisamos controlar a ânsia de dizer: "Olhe para mim, eu não sou maravilhoso?!"

Como eu disse antes, um indivíduo é muito mais marcante e poderoso se seus feitos ou conquistas forem relatados e reconhecidos por outras pessoas. Se você fez alguma coisa realmente grande ou notável, alguém vai comentar ou reconhecer isso, e isso impressiona muito mais. O comentário de um terceiro tem muito mais força! Os nossos comentários a respeito de nós mesmos podem soar como fanfarronada. Certifique-se de que você sabe a diferença.

Quanto mais alto o coqueiro, maior o tombo

Não suporto gente arrogante. Acho que ninguém, não importa o quanto seja bem-sucedida, rica ou poderosa, pode se dar ao luxo de ter um ar arrogante. É uma manobra completamente errada e, mais do que isso, a arrogância pode ser prejudicial aos negócios.

Um exemplo recente de como a arrogância de um capitão da Marinha norte-americana quase causou um desastre fica evidente na história que relato a seguir.

Uma transmissão de rádio enviada pelo Comandante das Operações Navais em outubro de 1995, diz o seguinte:

Estação nº1: Por favor, mude seu curso 15 graus ao norte para evitar uma colisão.

Estação nº2: Recomendo que o senhor mude SEU curso 15 graus ao sul para evitar uma colisão.

Estação nº1: Aqui fala o capitão de um navio da Marinha norte-americana. Repito, mude o SEU curso.

Estação nº2: Não, eu repito, mude o SEU curso.

Estação nº1: ESTE É O PORTA-AVIÕES ENTERPRISE. SOMOS UM NAVIO DE GUERRA DA MARINHA DOS ESTADOS UNIDOS. MUDE SEU CURSO IMEDIATAMENTE!

Estação nº2: Aqui é o farol Puget Sound. Somos a sua escala.

Quanto mais alto você pensa que está, mais dura é a queda quando você despenca do topo. O ego é como um balão. Uma alfinetadinha pode destruir tudo.

Divida a carga de trabalho... Compartilhe os créditos

Como eu disse antes, é difícil prever como uma pessoa vai lidar com o poder. Quando você seleciona um empregado que trabalha na empresa há muitos anos, sendo um ótimo colaborador, e o promove para um cargo de supervisão ou gerência, como ele vai lidar com isso?

Alguns gerentes novos assumem sua nova responsabilidade com vigor e ficam ansiosos para ser os líderes da equipe. Conhecem aqueles que trabalham com eles e contam com o seu respeito (ou não teriam sido promovidos). Eles tratam os companheiros de trabalho com respeito e encorajam a participação, a comunicação e o trabalho em equipe.

Mas alguns gerentes novos têm problemas com a responsabilidade e o poder que lhes foram atribuídos. Eles vêem sua promoção como uma licença para "tirar a desforra" de alguns companheiros de trabalho ou antigos supervisores. Eles destroem a equipe e se tornam especialistas em disfarçar suas vinganças. Esse tipo de gerente fica com os créditos de todas as conquistas de sua equipe; o que destrói o moral de seus companheiros de trabalho.

Quando eu apresento um empregado ou falo a respeito dele, faço questão de dizer que o empregado trabalha "comigo" e não "para" mim. Acredito que essa seja a atitude apropriada para um chefe ou gerente. Sim, os empregados estão subordinados a um gerente e trabalham sob a direção de um gerente. Entretanto, bons gerentes e executivos sabem que o reconhecimento dado a um serviço bem executado só acontecerá se a equipe apoiá-los e fizer um bom serviço.

Lembre-se, as pessoas trabalham "por" uma porção de coisas. Por dinheiro, para progredir, por satisfação pessoal. Trabalham pela família, para se manter, para satisfazer um desejo momentâneo ou material. Todas essas são coisas "pelas" quais as pessoas trabalham; elas não trabalham por VOCÊ!

Recentemente, fizeram-me uma homenagem inscrevendo meu nome na Parede da Fama do Baxter Springs Historical Societies Museum. Eu não só estava orgulhoso de receber essa homenagem de minhas "raízes", como tive a alegria de ver muitos amigos e parentes que conheci ao longo dos anos comparecerem ao evento. Phyllis Abbot, Mayor Wayne Cook, Bud Johnson, Mary Byrd (uma antiga chefe), todos disseram algumas palavras e então eu fui presenteado com uma placa comemorativa. Minha foto ficará pendurada ao lado da de Hale Irwin, Joe McCartney, Hubert Bird, Glad Robinson Youse e Dean Sims.

Tive a sorte de receber muitas homenagens. Fui incluído em três Halls da Fama e homenageado em um festival de cinema. Esse reconhecimento em particular significou muito para mim. A coisa mais importante é quando as pessoas que me conheceram e me acompanharam no correr dos anos dizem que continuo o mesmo de quando era jovem e pobre.

Já contei sobre ter trabalhado na Padaria Crocker quando tinha 11 anos e que a senhora Crocker ficou sob minha tutela na sua velhice. Mencionei os três anos na Read's Drug Store, onde trabalhei servindo sorvetes e refrigerantes. Então foi a vez da mercearia Karbe's, com dois dos meus irmãos, trabalhando para Ted Edens. Trabalho pesado. Não posso me esquecer do Byrd's Drive-In, primeiro servindo no balcão depois como chapeiro. Depois disso voltei para o Karbe's e então fui para a faculdade. Eu me sustentava, pagava as despesas da faculdade, comprava minhas roupas, carros e ainda ganhava o suficiente para ter algum gasto supérfluo. Tudo isso era trabalho de criança, como é chamado hoje!

Era ruim? Não acho. Se eu não pudesse trabalhar, teria ficado frustrado e não teria como me sustentar. Meus pais não podiam me ajudar. Que rumo tomaria a minha vida se eu não tivesse ganho dinheiro para satisfazer minhas necessidades?

Com freqüência fico imaginando se não estamos cometendo um erro ao *impedir* nossos jovens de trabalhar. Muitos deles não querem trabalhar. Eu também não queria. Eu não tive escolha. Levei três anos para conseguir meu primeiro emprego de tempo integral. Eu comecei aos 9 anos. Foi minha independência! A vitória da minha individualidade! Por ser um jovem tímido e envergonhado, eu precisava da autoconfiança que o fato de ganhar meu próprio sustento me transmitia.

Se o sistema penal desse emprego aos infratores, principalmente os juvenis, suas chances de reabilitação seriam maiores, acho eu. Nós os devolvemos ao mesmo ambiente sem oportunidades. Dêem-lhes uma chance de trabalhar. Exijam que eles trabalhem. *Pessoas ocupadas* são pessoas felizes!

Parte III

O Desenvolvimento de Nossas Aptidões

1

O Cultivo de Nossas Ambições

O que você espera desta vida? De você mesmo? De qualquer pessoa? Você é otimista ou pessimista? Você é realista? Só você pode determinar o que quer fazer; no que quer se tornar; para onde e até aonde quer ir. Tudo depende de quanto você quer isso; de quanto esforço você está disposto a fazer para realizar seu sonho.

O desafio é determinar, no curso da sua vida, o quanto você quer se encaixar no esquema geral. Em uma democracia, você tem liberdade pessoal e capacidade para ser criativo. Você pode ir além de suas próprias limitações, pode chegar às profundezas do seu íntimo e descobrir que atitude tomar para atingir e garantir seu sucesso.

Apesar de todos os problemas políticos, o que faz dos Estados Unidos um grande país é que um rapazinho simples consegue ser alguém na vida. Essa atitude tem mantido o país unido e vem sendo cada vez mais adotada por outros países, mais antigos.

Alguns dos nossos antepassados vieram da Europa, onde você poderia ter nascido nobre, rico ou pobre. Essas mesmas pessoas que vieram para os Estados Unidos, acima de tudo em busca da liberdade, sobreviveram graças ao espírito empreendedor, ao sistema capitalista e à oportunidade de achar trabalho e ganhar a vida num ambiente favorável.

O comunismo foi uma forma de governo que teve uma vida relativamente curta. Está sendo extinto porque não incentiva as pessoas a serem ambiciosas. Não há motivo para se trabalhar muito porque o destino já está determinado. O esforço e o comprometimento não são recompensados. A ambição é sufocada.

Nos Estados Unidos, mesmo os mais pobres podem ir além de suas origens, se tiverem a disposição correta e determinação. Quando era muito jovem, eu ficava envergonhado quando alguém ia me levar para casa, porque ela não tinha uma boa pintura. Era uma casa alugada e quase em ruínas. Não se parecia com a casa das outras crianças. Eu sempre pedia que me deixassem um quarteirão antes de chegar, ou mais longe ainda, esperando que ninguém visse a casa e percebesse o quanto ela era humilde.

Quando eu tinha 5 ou 6 anos, comecei a procurar trabalho. Eu queria ganhar algum dinheiro para poder comprar coisas para mim. Lembro-me de perguntar a lojistas ou outros negociantes se eles tinham algum trabalho que eu pudesse fazer. Naturalmente eu era muito criança, mesmo para aqueles tempos. Decidi plantar uma horta. Depois de colher as verduras, eu ia de porta em porta vendendo meu produto. Algumas vezes aparei gramados. Como eu disse antes, consegui meu primeiro emprego "de verdade" aos 11 anos. Era um sentimento maravilhoso, aquele de ter algum dinheiro no bolso. Eu era muito econômico com o meu dinheiro (e ainda sou). Não o gastava em sorvetes ou outras bugigangas. De vez em quando eu ia ao cinema, mas raramente comprava doces, pipoca ou refrigerante.

Mesmo naqueles tempos eu tinha uma postura definida. No fundo eu ardia de vontade de ser bem-sucedido. Eu estava sempre atento ao que acontecia à minha volta e observando quem estava fazendo o quê. Eu ficava fascinado com as pessoas que tinham seu próprio negócio ou que tinham dinheiro. Tinha certeza de que algum dia, por alguma razão, de alguma maneira, eu também poderia ter coisas bonitas. Esse desejo ardente criou um espírito empreendedor em mim que me incentivou a sempre buscar oportunidades para ganhar o dinheiro que eu desejava.

Depois da faculdade e do exército, fui trabalhar na Goodyear. Mesmo ocupando um cargo de gerência, quando surgia a necessidade de se fazer horas extras na zeladoria ou um turno extra, eu sempre me candidatava. Muitas vezes eu trabalhava dois turnos, ou até mesmo três, porque era uma oportunidade de ganhar mais dinheiro.

Se ganhar dinheiro é importante... poupar é mais importante ainda. Se tiver algumas economias, você pode aproveitar oportunidades para ganhar mais dinheiro ainda. A poupança é um investimento. Às vezes, parece que você não vai conseguir, ainda mais quando se trata de uma família jovem tentando viver dentro do orçamento. Tenha sempre em mente que a poupança é um investimento; seja constante com relação à poupança, não importa quanto seja pequena a quantia que você economiza. Você vai ficar surpreso com a rapidez com que ela vai se multiplicar e com a constatação de que o "pé-de-meia" pode lhe dar oportunidade para ganhos maiores. Sem um começo, você nunca chegará lá! Nunca aposte numa corrida da qual não faça parte.

As pessoas de gerações mais antigas aprenderam a sempre economizar um pouco do que ganhavam. Eram obrigadas a isso. Não havia Previdência Social, nem planos de saúde, nem programas governamentais para ajudá-las a se reerguer caso levassem um tombo. Se quisessem ter alguma segurança financeira na velhice, tinham de providenciá-la eles mesmos. Quase todo mundo agia da mesma maneira. Podiam separar cinqüenta centavos a um dólar de cada vez. Economizavam durante quarenta anos para emergências, despesas inesperadas e para a velhice.

Então, surgiram a inflação, o aumento do custo de vida e os planos econômicos. De repente o planejamento de toda uma vida foi por água abaixo. Elas não podiam mais contar com suas economias. Precisavam arranjar outro emprego quando já estavam em idade avançada. Mesmo hoje, com todos os programas governamentais, benefícios e subsídios, muitas pessoas idosas são forçadas a trabalhar para complementar sua renda.

Todo esse cenário nos faz pensar se o governo realmente ajudou os cidadãos a se tornarem auto-suficientes ou os deixou mais dependentes de programas sociais.

Nunca tive inveja do sucesso de outras pessoas. Mesmo quando eu era extremamente pobre e tinha muito pouco para começar, sempre ficava feliz quando outra pessoa conseguia ser bem-sucedida ou alcançava um patamar alto de rendimentos. Eu sabia que a maioria das pessoas tinha trabalhado muito para atingir suas metas. Sabia também que algum dia eu alcançaria aquele nível. Essa crença manteve viva em mim a força de vontade. Eu observava as pessoas bem-sucedidas e aprendia com elas. Aprendi o que é realmente uma oportunidade e como aproveitá-la.

Lembre-se, entretanto, de que uma oportunidade não é uma oportunidade a menos que você esteja em condições de tirar vantagem dela. Se não tem dinheiro ou outros recursos para aproveitá-la, então você não está diante de uma oportunidade, você tem apenas alguns dados financeiros.

Como atingimos nossos objetivos?

Confie nas metas que você estabeleceu para si mesmo.

Quando eu estava no ramo de seguros, aprendi a avaliar as reações das pessoas. Ganhar por comissão é uma das mais espinhosas atividades que existem. Se você não estiver numa maré de sorte, fica pensando quando as vendas vão começar. Se estiver indo bem, ficará preocupado imaginando quando as vendas vão parar. O efeito iô-iô da preocupação e da tensão mantinha-me sempre no limite.

A venda por comissão exige muita iniciativa e motivação. As recusas e negativas são difíceis de aceitar. Não importa o quanto você tente, acaba encarando os "não" como uma falha sua. Todos querem o que um seguro de vida vai render em benefícios, mas ninguém quer fazer um seguro de vida. O custo interfere na aquisição de carros novos, barcos, mobília ou acessórios. Se vender era difícil, treinar novos vendedores era ainda mais difícil. Fazer com que os *trainees* tivessem iniciativa e fizessem contatos regulares com os clientes foi uma das coisas mais difíceis que já fiz. O conhecimento que adquiri e as lições que aprendi foram inestimáveis. Isso tudo me ajudou durante toda a minha carreira. Se houvesse cursos que ensinassem esse tipo de coisa, eu não teria recursos para pagá-los e não teria aprendido isso tão bem.

Autoconfiança é um bom ativo para se possuir, mas somente se você souber avaliar-se e à sua capacidade. Se você sentir que foi passado para trás numa promoção ou na atribuição de uma nova função, faça um exame cuidadoso e honesto de si mesmo. Em que ponto você difere da pessoa que foi promovida? Essa é uma tarefa difícil porque muitos não querem assumir seus insucessos. Mas avaliações honestas são vitais para o sucesso. Peça ajuda ao seu supervisor. Disponha-se a ser tão produtivo que eles não vão poder deixá-lo de lado outra vez.

Você tem um projeto para atingir suas metas?

Estabelecer metas é a parte mais fácil. Ter um projeto para atingi-las é a mais difícil. Pode custar dinheiro. Pode exigir longas horas extras ou sacrifícios pessoais. Mas... você precisa ter um projeto em andamento ou o seu objetivo ficará fora de alcance.

Se você quiser abrir seu próprio negócio, terá que acumular um capital. Você só conseguirá arranjar empréstimos ou dinheiro para começar um negócio se tiver um projeto, portanto você precisa de um projeto de negócio. Falaremos sobre como desenvolver um projeto de negócio mais adiante neste livro. Não cometa o erro de pensar que vai conseguir que outros lhe dêem o capital apenas com base em suas idéias brilhantes. Muitas vezes, aqueles que tiveram a idéia brilhante, mas nenhum dinheiro investido no negócio, são descartados quando os outros investidores acham que já aprenderam a dirigir melhor o negócio.

Não desista diante do seu primeiro fracasso

O sucesso é difícil de acontecer. Todos cometem erros. Somente uns poucos têm a sorte de vencer da primeira vez em que tentam fazer alguma coisa. Você tem de preparar apropriadamente o solo em que vai trabalhar, mas nem mesmo assim o sucesso de seu negócio está garantido. Fatores econômicos que você não tinha levado em consideração podem entrar em cena. Outros fatores, como novos impostos e o aumento do salário mínimo, podem acabar com todo o seu projeto. Você precisa ser flexível o bastante para perceber as mudanças e reagir a elas. É vital ter intuição e senso de urgência.

Procure ter uma atitude de excelência

Atitude é **tudo**. É o fator mais significativo para possibilitar o sucesso. Poucos de nós têm talentos e dons naturais. Não são muitos os que podem ser atletas profissionais ou que possuem memória fotográfica. A maioria precisa trabalhar com afinco para desenvolver qualquer talento ou capacidade inata que possua.

A excelência só vem com trabalho árduo e determinação. Você precisa ter a ***vontade*** de ser o MELHOR!! Lembre-se do trabalho de $5!

Todos têm de acreditar em alguma coisa! Por que não acreditar em si mesmo? Seja um realizador! Evidentemente isso é difícil e exige comprometimento. É difícil permanecer com a mente concentrada e focalizada em um determinado fim. Você precisa ser implacável e inflexível em seu desejo de atingir sua meta. Você vai ter que manter papos animados consigo mesmo. Resista ao desejo de ceder ou desistir!

Resistência mental — é assunto para um livro inteiro. Ou você tem ou pode desenvolvê-la. É quando um corredor quer desistir da competição, mas ele não faz isso. Ou quando o boxeador recebe golpes, vai à lona e está perdendo uma luta e quer desistir ou "jogar a toalha", mas não faz isso. Algumas vezes eles seguem em frente e vencem!

Eles travam a batalha corajosamente e, quando o desafio é superado, ninguém pode dizer que eles não deram "tudo" de si.

Isso é "resistência mental".

2

O Aperfeiçoamento das nossas Aptidões

Você conhece sua força? Se você tivesse de se sentar e fazer uma lista de seus pontos fortes e fracos, como faria isso? Você realmente conhece a si mesmo?

Conhecer a si mesmo é a chave para o aperfeiçoamento. Ao longo da nossa vida, ganhamos experiência e habilidades. A maioria das pessoas tem algum tipo de talento natural. Muitas têm muitos talentos. A maioria de nós precisa se esforçar e desenvolver os talentos que tem. Em primeiro lugar, porém, precisamos identificar quais são esses talentos.

Uma vez que tenha identificado seus talentos, como você vai aprimorá-los? Na verdade, há muitas formas de aperfeiçoarmos nossas aptidões. Podemos aprender por meio dos livros (academicamente). Por repetição, fazendo alguma coisa inúmeras vezes e então melhorando com a experiência. Podemos seguir um procedimento ou um sistema organizado, descrito de modo sistemático. Podemos aprender decorando as etapas ou fórmulas precisas.

Na maioria dos casos, nossas características se encaixam em duas categorias: uma delas são as nossas aptidões. Quais são as aptidões que possuímos? A segunda categoria é mental — nossa autoconfiança e nossa auto-estima.

Toda equipe ou ramo de negócio requer certas aptidões e precisamos encontrar as pessoas que têm essas aptidões, treiná-las e colocá-las em suas devidas posições dentro da equipe ou da empresa. Entretanto, cada um de nós precisa identificar as habilidades que tem a oferecer. Em algumas profissões, algumas qualidades são absolutamente necessárias. Um arquiteto precisa ter facilidade para desenhar e fazer esboços, ter noção de espaço e de matemática. Um advogado precisa ser capaz de escrever e falar com clareza. Um médico necessita de aptidões específicas em sua área de especialização. Um cirurgião necessita de nervos e mãos firmes. Algumas pessoas possuem aptidões das quais não têm consciência ou que não julgam importantes. Ainda assim, essas aptidões podem ser vitais na estrutura de uma equipe ou de um negócio.

Falamos muito a respeito de aptidões *pessoais*, quase a ponto de isso se tornar um clichê, mas elas são muito importantes numa equipe ou num time. Lembre-se de que não existe nenhum "eu" na palavra "time". Assim, para se dar bem num trabalho em equipe, é preciso conseguir comunicar-se com seus companheiros, ser amigável e receptivo a idéias e críticas. A mensagem aqui é não só identificar qualidades óbvias que foram desenvolvidas por meio de treinamento acadêmico ou profissional, mas também aquelas que foram adquiridas por intermédio de outras experiências. Por exemplo, o poder de concentração é uma qualidade. Ser capaz de prestar atenção nos detalhes e perceber pequenas irregularidades é um atributo de quem tem poder de concentração.

Poderíamos nos estender interminavelmente sobre as aptidões, mas o que nos interessa é identificar nossas qualidades mais marcantes, as mais úteis e as mais deficientes. Para determinar quais as habilidades que precisa aperfeiçoar e descobrir um meio de fazer isso, você precisa saber onde quer trabalhar e o que quer realizar.

Um exemplo rápido e fácil é a necessidade do treinamento em computação. A maioria dos negócios atualmente depende muito dos computadores. Mesmo os executivos na faixa dos 50 anos que sempre tiveram uma secretária e jamais precisaram datilografar uma palavra na vida podem se beneficiar do treinamento na área de computação. Por quê? Porque eles podem precisar decidir sobre qual sistema de informática devem adotar em sua empresa. Eles podem precisar desenvolver um novo sistema de circulação de dados para manter o trabalho fluindo rapidamente pelo escritório. Se nem sequer chegaram a se sentar diante de um computador, como esperam ser capazes de tomar uma decisão inteligente ou fazer uma avaliação correta?

Nos negócios, se você detectar áreas em que o aperfeiçoamento de certas aptidões vai melhorar sua longevidade na empresa ou aumentar suas possibilidades de promoção, convém encontrar um modo de adquirir ou aperfeiçoar essas qualidades. Não estou defendendo a possibilidade de você tornar-se algo que não é ou de aprender um serviço do qual não gosta. Aqui a questão é adquirir conhecimento e aprimorar-se. Um pouco de conhecimento e experiência pode nos levar longe. O truque é conhecer suas limitações e expandir suas áreas de oportunidade.

Feliz é a pessoa que consegue descobrir e aceitar seu lugar na vida e ficar satisfeita por justificar sua existência com base no que faz para ganhar a vida — amoldando sua existência, ficando à vontade consigo mesma e aprimorando constantemente suas aptidões ao aperfeiçoar sua atividade diariamente.

Além de identificar e aperfeiçoar determinadas aptidões, precisamos também avaliar e identificar os pontos fortes e fracos da nossa personalidade. Aí é que entra a parte mental.

Há muitas pessoas talentosas no mundo que poderiam realizar uma infinidade de coisas importantes se não tivessem tanto medo. Pode ser medo de fracassar ou até mesmo de serem bem-sucedidas, medo de gastar muito dinheiro, ou medo de que os amigos e a família as desaprovem. O medo exerce um tremendo impacto sobre as pessoas. Quantas vezes você já se ouviu dizendo ou pensando: "Nunca vou conseguir fazer isso!"

Há certas coisas que não devem ser feitas e o medo contribui para impedir que as pessoas façam coisas tolas ou perigosas. Muitas vezes, entretanto, o medo limita desnecessariamente a realização dos nossos sonhos e objetivos.

O colapso ético e emocional no mundo dos negócios nos últimos cinqüenta anos seguiu um curso semelhante à desagregação familiar. A obrigação moral e o compromisso foram desacreditados e substituídos pela procrastinação e pela falta de confiança e de integridade.

Ainda acredito que se comprometer leal e verdadeiramente com a integridade e tratar os outros como deseja ser tratado é o melhor meio de *manter* o sucesso e ser recompensado. Dignidade em tudo, respeito a todos, eqüidade e o reconhecimento de que todos somos iguais. Nunca fale ou olhe com pouco caso para ninguém, nem para crianças. Ouvir com interesse sincero tudo aquilo que o outro está dizendo e ouvi-lo de verdade traz recompensas!

Alguns de nós têm traços e características que nos dão a impressão de que somos menos confiáveis e sinceros do que somos na verdade. Observe suas características e maneirismos e como eles se mostram para os outros. *Grave a sua voz no tom em que costuma conversar e a ouça.* Você pode ficar surpreso e chocado com aquilo que ouvir. Ela pode soar diferente e dar a impressão de que não é sua.

As mesmas palavras, quando escritas ou faladas, podem ser interpretadas de modo diferente, pois podem soar de modo diferente. Como soam suas palavras? Qual é o seu modo de escrever? Examine-se, descubra como os outros vêem você e então faça as correções necessárias.

Ao nos avaliarmos, precisamos verificar em que acreditamos, como reagimos em situações de tensão e, especialmente, como somos motivados ou ficamos empolgados e entusiasmados com a perspectiva de fazer determinada coisa. Qual é o nosso nível de confiança? Somos facilmente perturbados?

Mais uma vez, há muitas maneiras de melhorar nossas aptidões mentais. Há o aconselhamento. Algumas vezes precisamos da ajuda de uma outra pessoa, mais objetiva, que nos ajude a determinar por que agimos ou nos comportamos de determinada maneira. Ela pode nos ajudar a encontrar meios de fazer as mudanças que desejamos fazer. Há seminários, livros de auto-ajuda e motivacionais (como este), áudio e videoteipes. Zig Ziglar, Dale Carnegie e Steven Covey, além de muitos outros motivadores bem-conceituados, construíram a indústria do fenômeno da auto-ajuda. A Bíblia e/ou outros livros religiosos, baseados em quaisquer que sejam nossas crenças ou fundamentos, podem nos ajudar a enfrentar certas situações.

Mais uma vez, o truque é identificar os pontos fortes e fracos da nossa mente, determinar qual parte da nossa estrutura mental pode estar nos prendendo ou exercendo influência negativa, e então descobrir um meio de mudar nosso comportamento.

O campo mental é o campo de ação e o nível mental é o nível em que podemos e queremos agir. É importante descobrir o que mais se adapta às nossas ambições individuais. É bom, e até mesmo desejável, estabelecer metas um pouco mais ambiciosas, desde que sejamos realistas e saibamos quando devemos retroceder.

Aprimorar aptidões significa ser o melhor que pudermos. É um processo interminável que dura toda a nossa vida. Cada vitória e cada fracasso nos ajudam tremendamente. O importante é entender que a vida se resume em aprender e crescer e seguir adiante, com uma disposição positiva. Como diz o empresário

Kemmons Wilson: "Há duas maneiras de chegar ao topo de um carvalho. Uma é sentar-se em uma bolota e esperar até que ela brote e cresça. Outra, é trepar num carvalho que já cresceu".

Pense no aperfeiçoamento de suas habilidades como se fosse a subida em um carvalho. Olhe de vez em quando para ver o quanto já subiu, mas nunca tire os olhos do topo.

Krumme ao Wilson: "Há duas maneiras de chegar ao topo de um carvalho. Uma é sentar-se em uma bolota e esperar até que ela nasça e cresça. Outra é trepar num carvalho que já cresceu."

Tente ir aperfeiçoando suas habilidades como se fosse a subida em um carvalho. Olhe de vez em quando para ver o quanto já subiu, mas nunca tire os olhos do topo.

3

Faça com que Sua Primeira Impressão Seja Boa

Sigo umas poucas e simples regras para tentar passar aos outros uma boa primeira impressão. Primeiro, é imperativo que você se comporte de maneira amigável e gentil. Seja simpático e cumprimente a todos com um aperto de mão e um sorriso. Olhe as pessoas nos olhos e repita o nome que lhe disseram.

A polidez na interação com as pessoas com quem você convive jamais deve ser menos atenciosa ou respeitosa, não importa quem elas sejam, seu prestígio, posição ou condição financeira. Nada disso deve fazer a menor diferença. Nunca se sabe se alguém que você julga insignificante pode um dia tornar-se uma pessoa poderosa, rica ou ocupar uma posição de destaque.

Essa é a história do mineiro/rancheiro/dono de terras que chegou no balcão de recepção do maravilhoso Antler's Hotel, em Colorado Springs, e pediu um quarto. Ele estava sujo e despenteado e dava a impressão de não ter um tostão. Recusaram-lhe um quarto. Esse homem era muito rico, possuía minas de ouro, gado, terra e tinha os meios e o capital necessários para construir seu próprio hotel.

Compreensivelmente irritado e colérico, ele foi mais adiante na mesma rua e construiu o magnífico BROaDMOOR Hotel. Esse hotel tornou-se o principal concorrente do Antler's.

Quando estava projetando a logomarca e escolhendo a forma de grafar Broadmoor, ele usou só letras maiúsculas, com exceção de uma. O "a" em Broadmoor é sempre um "a" minúsculo, supostamente para mostrar seu ressentimento pelo tratamento que recebeu no Antler's.

O que teria acontecido se tivessem lhe dado um quarto no Antler's? Talvez o BROaDMOOR não existisse. Assim, é melhor tratar bem as pessoas, principalmente se você estiver no ramo dos negócios. Lembre-se de que qualquer pessoa é um cliente em potencial ou talvez um concorrente.

Segundo, se você for a um ambiente que exija determinado tipo de roupa, deve se adaptar a ele. Atualmente, o ambiente de trabalho é menos formal, mas ainda assim é importante vestir-se adequadamente. Por exemplo, em uma grande empresa, espera-se que as pessoas estejam vestidas com ternos ou roupas mais formais. Mesmo que você seja um empreiteiro e trabalhe usando calças *jeans* nos canteiros de obra, é importante vestir um terno quando for visitar um cliente de uma empresa de porte.

Tenha uma boa aparência. Arrume-se. Preste atenção na higiene. Assegure-se de que seu cabelo esteja penteado ou arrumado, suas mãos e unhas perfeitamente limpas e de que seu hálito esteja bom. Cada um de nós tem uma aparência e estrutura física. Alguns são magrinhos. Outros não. Alguns têm entradas na testa, outros não. Entretanto, qualquer um pode ter uma boa aparência física se tiver higiene e estiver arrumado e vestido adequadamente.

Tente não ter idéias preconcebidas sobre as pessoas com quem vai se encontrar. Certa vez eu estava participando de um evento em que havia muitas pessoas diferentes. Eu vi um grupo que estava ao lado de algumas motos Harley Davidson. Aqueles homens pareciam rústicos, durões e desleixados, com a barba por fazer e camisas sem mangas. Minha primeira impressão era a de que eu deveria me manter longe deles. Entretanto, eu gosto de motos. Não ando de motocicleta em rodovias ou avenidas, e nunca quis que meus filhos andassem pelas ruas com bicicletas com marchas, mas andávamos com bicicletas comuns em lugares tranqüilos. Motos não são necessariamente perigosas, mas não são vistas com facilidade pelos motoristas, e eu tinha medo de que meus filhos fossem atropelados. Também sou um adepto ferrenho do uso do capacete. De qualquer modo, eu me aproximei dos motociclistas e puxei conversa com eles. Posso dizer que eles eram extremamente simpáticos. Se eu tivesse sido levado apenas pela minha primeira impressão, não teria tido a oportunidade de ir até eles e perderia aquilo que considero uma experiência muito positiva.

Não tente impor sua opinião sobre as outras pessoas. É difícil convencer os outros de que sua opinião é melhor do que a deles. Se tiver a mente aberta e ouvir a opinião alheia, você pode aprender alguma coisa e mesmo mudar seu modo de pensar. É bom pensar de modo diferente da de outras pessoas, mas tenha tanto respeito pela opinião delas quanto quer que elas tenham pelas suas.

Olhe no espelho e diga: "Como eu reagiria se as pessoas me abordassem da mesma maneira que eu as abordo?" Faça um julgamento honesto de si mesmo e também ouça as críticas construtivas feitas pelos outros.

Acima de tudo, seja *sincero*. A impressão que você passa não é somente por sua conduta, padrões de comportamento e aparência, mas também pela sinceridade. As pessoas podem reconhecer uma pessoa falsa a quilômetros. Sempre tive um bom relacionamento com crianças pequenas porque elas têm muita intuição. Elas sabem quando alguém é sincero ou não. É difícil para um adulto enganar uma criança. Parece ser uma característica inata a capacidade que as crianças têm de realmente perceber com que tipo de pessoa estão lidando. Muitas vezes nós adultos perdemos essa intuição porque já partimos ansiosos para descobrir o que de melhor ou pior existe numa pessoa. Nós temos idéias preconcebidas.

Se você for superficial ou adotar um comportamento apenas para impressionar alguém, isso vai ficar evidente. Precisamos continuamente monitorar nossas características pessoais. Precisamos desenvolver padrões de comportamento que causem boa impressão.

Nem todo mundo vai gostar de você

Você pode achar isso difícil de acreditar, mas algumas pessoas simplesmente não vão gostar de você! Você pode causar uma impressão maravilhosa em 95% das pessoas com quem convive. Ainda assim, sobram 5% que não vão gostar de você, não importa o que faça.

Uma das coisas mais difíceis que tive de aprender na vida foi o fato de que nem todo mundo iria gostar de mim. Ficava arrasado quando ficava sabendo que alguém não gostava de mim, especialmente quando eu gostava dessa pessoa e não havia feito nada contra ela. Tive um amigo muito chegado cujo irmão não gostava nem um pouco de mim... e ele nem sequer me conhecia! Os dois irmãos tinham tido uma discussão a meu respeito e o meu amigo tinha dito ao irmão: "Ei, você está errado, o Gene é um cara legal". Isso deve ter ajudado, porque quando o irmão e eu finalmente nos conhecemos, acabamos ficando amigos.

Na verdade, ele tinha uma idéia preconcebida a meu respeito antes de me conhecer. Isso acontece. Algumas pessoas vão cultivar ressentimentos contra você ou idéias falsas sobre como você é. Se você for bem-sucedido, elas podem se ressentir disso. Se você for elegante (eu não sou), elas vão se ressentir. Se for um atleta, um professor, um editor de jornal ou um advogado, algumas pessoas não vão gostar de você. Talvez você as faça lembrar de alguém que elas não gostavam e elas fundamentem seu sentimento nisso, julgando-o antes de ter a oportunidade de descobrir que você não se parece em nada com a pessoa de quem não gostam.

Essas impressões podem ser superadas, se você se conduzir de tal modo que as pessoas possam perceber que você é sincero, honesto e não egocêntrico.

Todos somos humanos. Às vezes, explodimos!

Acontece de vez em quando. Um treinador profissional de futebol perde a paciência e xinga o juiz e é flagrado pelas câmeras de televisão. Um evangélico sucumbe à fraqueza humana e é pego. Um político, num clima de excessiva tensão, comete uma gafe pública e vira manchete no mundo todo.

É difícil ser perfeito. De fato, simplesmente não é possível. Muitas pessoas de quem eu estou falando passam uma impressão muito boa na maior parte do tempo. Mas, às vezes, elas se metem em alguma enrascada. E, se você estiver sob a luz dos refletores, seu erro parecerá particularmente gritante. Quantos de nós gostariam de ser tão observados quanto o são as pessoas famosas? Será que agüentaríamos?

Creio que o nosso estado emocional e o modo como nos comportamos no dia-a-dia passa por altos e baixos. Há ocasiões em que não nos sentimos bem ou estamos irritados. Seja pela razão que for, estouramos. Quando você faz alguma coisa da qual não se orgulha, a melhor coisa a fazer é assumir o erro. Se você ofendeu ou feriu alguém, procure essa pessoa e diga-lhe que sente muito e que cometeu um erro. Seja sincero em suas desculpas. Isso é tudo o que pode fazer. A pessoa pode aceitar ou não suas desculpas. A maioria vai aceitá-las, se você for sincero.

Essas são variações do ato de dar e de perdoar. Alguns de nós são mais clementes e tolerantes que outros. Parentes e amigos íntimos muitas vezes ficam com tanta raiva uns dos outros que a ferida não fecha nunca e os relacionamentos ficam rompidos durante muito tempo. Muitas vezes sentimos remorsos e temos a necessidade de relevar o passado, perdoar, ou nos "reconciliar", sem mesmo discutir o incidente que causou o rompimento. Alguns são mais tolerantes que outros. Alguns são menos sensíveis e procuram relevar atos e declarações que outras pessoas achariam ofensivas.

O melhor modo de viver a vida é tentar entender o que as pessoas fazem e dizem coisas sem querer. O nível de tensão em que vivem é alto e elas estão fora de si quando você as vê praticando determinadas ações ou fica sabendo de coisas que elas praticaram. O fato de ser tolerante vai levá-lo muito mais longe do que se você se sentir ofendido por qualquer coisa. Precisamos ser compassivos e ter a compreensão de que algumas vezes, se relevarmos coisas que nos ofenderam, evitaremos sentimentos desagradáveis, discussões ou danos permanentes em relacionamentos que são importantes para nós.

Agora que disse isso, deixe-me dizer-lhe que também já percebi que *algumas coisas* são imperdoáveis. Por exemplo, nunca vou comprar um exemplar do *Kansas City Star* por causa das insinuações e meias-verdades que eu tenho consciência de que são publicadas naquele jornal. Quando concorri ao cargo de governador do Estado do Kansas, fui convidado para uma reunião com o conselho editorial. Somente uma meia dúzia dignou-se a aparecer, no prédio "deles". A maioria deixou a reunião em poucos minutos. Não acho que tenham ouvido uma palavra do que eu disse. Eles tinham idéias preconcebidas e nunca se deram ao trabalho de tentar me conhecer ou às minhas idéias. Achei seus artigos tendenciosos e parciais. Sinto-me da mesma maneira com relação aos de Rose, que também possuem um jornal local. O *Wichita Eagle* tinha mais ou menos a mesma linha, mas melhorou com o tempo. Todos os outros jornais do Estado foram decentes e seguiram as regras do bom jornalismo.

Por outro lado, já tive minhas diferenças com amigos e parentes e tomei a iniciativa de "quebrar o gelo" porque quero ser uma pessoa que sabe perdoar e que quer ser perdoada. Meu amigo, John K., certa vez ficou aborrecido comigo (a culpa era minha) e eu me zanguei. Ele nunca ficava. Mais tarde, confessei-lhe que eu estava errado e lhe agradeci por continuar sendo meu amigo. Disse-lhe também que ele era melhor e tinha mais grandeza do que eu por ter preservado nossa amizade. O Dr. Glenn H. e eu continuamos amigos mesmo depois de passarmos por uma experiência difícil que poderia ter gerado ressentimento pelo resto da nossa vida.

As amizades são valiosas. Não as perca por causa de mal-entendidos. Walter Mc, Bill K., Howard W., Bill R. (falecido), Mickey C., Gene R., Ulie C., Jim K., Jean & Jim Mc, todos colegas de classe e muitos outros de turmas anteriores e posteriores à minha na Baxter Springs High School têm mantido contato através dos anos. Fico encantado com a estabilidade de todas essas turmas. Empregos duradouros, vida familiar estável, fé sólida e amor às pessoas. É sempre um prazer encontrá-los e relembrar nossos tempos de juventude.

Em qualquer ocasião que lhe ocorra o pensamento de romper uma amizade ou um relacionamento familiar, olhe bem no fundo do seu coração e pergunte a si mesmo se deseja tirar essa pessoa de sua vida. Não seria muito mais significativo e recompensador se você fosse uma pessoa que sabe perdoar?

Pode ser uma experiência assustadora e humilhante sermos obrigados a nos desculpar por um erro crasso. Nunca se sabe como as pessoas vão reagir. É um dos momentos em que você se vê mais vulnerável. Tive desentendimentos com amigos. Eu procurei cada um deles e lhes disse: "Temos sido amigos por muito tempo para permitir que um simples incidente se interponha entre nós. Peço-lhe que me desculpe por qualquer coisa que eu tenha dito e que o ofendeu e quero que saiba que eu o perdôo por aquilo que me disse e que me feriu. Gostaria de salvar nossa amizade e prometo tentar não ofendê-lo mais".

Pode levar algum tempo para que as feridas se fechem, mas o primeiro e mais difícil passo a ser dado é o pedido de desculpas. Algumas das coisas mais difíceis de serem feitas são aquelas com relação às quais nos sentimos melhor depois de tê-las feito.

Sair-se bem numa entrevista é uma arte

Quem domina essa arte é a pessoa que, no começo da entrevista, causa boa impressão pela aparência, articulação e gestualidade e sabe conduzi-la até o final de um modo intelectualizado.

Muitos dos melhores e mais aptos candidatos a um cargo o perderam porque não sabiam como se comportar numa entrevista. Seja você mesmo. O primeiro passo é ficar à vontade e não tentar ser outra pessoa ou coisa que você não é. Apresente seus pontos fortes, fale sobre eles e sobre sua disposição para aprender. Acima de tudo, enfatize seu desejo de fazer um bom trabalho e de se tornar uma parte positiva e atuante da equipe.

Em primeiro lugar, a aparência é importante. Roupas, meias e sapatos limpos e em ordem constituem uma necessidade. O cabelo deve estar penteado e as unhas devidamente aparadas e limpas.

Segundo, uma aparência confiante e amigável é importante. Sua voz deve refletir um sentimento de autoconfiança. Se você se sentir inseguro ou ignorante com relação a alguma coisa, fale a respeito disso, mas expresse seu desejo de aprender. Seja um aprendiz rápido.

Terceiro, procure se inteirar a respeito do cargo para o qual você está sendo entrevistado. Tente descobrir o máximo possível sobre o que tem acontecido no correr da história da empresa. Converse com funcionários aposentados ou com pessoas que estão trabalhando na empresa. Tente descobrir o que estão buscando e suas expectativas. Você pode fazer essas perguntas durante a entrevista.

Quarto, verifique os problemas com que você pode deparar imediatamente, se ocupar o cargo. Faça perguntas pertinentes ao problema e tenha soluções em mente para resolvê-lo. Mostre compreensão e conhecimento sobre as razões de sua entrevista. Certifique-se de que o entrevistador saiba que você tem um elevado nível de interesse. Ouça cuidadosamente o que ele tem a dizer e tente fazer com que ele fale tanto quanto possível, principalmente sobre o emprego.

Quinto, mantenha contato visual e preste atenção. Certifique-se de que cobriu todo o campo que o entrevistador desejava ver esclarecido. Pergunte a ele se suas respostas satisfizeram todas as suas perguntas. Se você demonstrar um grande interesse, fica mais fácil conseguir informações que possam ser valiosas.

Sexto, promova a si mesmo. Tenha certeza de que ele conhece seus pontos fortes e suas melhores qualificações. Deixe claro o quanto você está interessado e que fará o melhor, trabalhará muito e renderá 110% se lhe derem oportunidade.

Sétimo, tenha cuidado na hora de falar sobre suas realizações. Caracterize-as em termos que não pareçam egoístas. Deixe o entrevistador saber que você sabe lidar com a responsabilidade. Expresse o quanto o desafio o motiva e que sua meta e aspiração é fazer parte de uma equipe e de uma empresa bem-sucedidas. Fale sobre sua capacidade de se relacionar com as pessoas e que lidar com questões desgastantes e complexas é a sua especialidade.

Características físicas realmente desempenham um papel importante no processo de entrevista, mas uma apresentação apropriada pode vencer e superar qualquer característica física menos favorável. As ações, os conhecimentos e as qualidades das pessoas constituem um excelente recurso para influenciar as pessoas.

Alguns comportamentos estão definitivamente fora de cogitação

É agradável ficar perto de gente que tem os pés no chão. Essas pessoas nos fazem ficar à vontade quando estamos com elas. Não são pretensiosas nem arrogantes. É preciso conseguir um equilíbrio entre ser uma pessoa comum e mostrar seu prestígio; você precisa manter algum nível de sofisticação que evite inferências pessoais e observações precipitadas que possam ser levadas para o lado pessoal.

É completamente impróprio comentar a aparência física de um associado ou lançar olhares de uma forma que possa dar a impressão de que tem conotações sexuais.

Um dos meus associados, enquanto jantávamos com alguns clientes, fez um comentário grosseiro para uma jovem do nosso grupo. Felizmente, o comentário dele não ofendeu ninguém, mas poderia ter ofendido. Hoje, as pessoas sentem-se mais à vontade para contar piadas e fazer comentários duvidosos. Entretanto, é importante desenvolver um nível de sofisticação para saber quando NÃO fazer esse tipo de comentário. Em um ambiente de negócios, é sempre mais aconselhável refrear o impulso de fazer esses comentários, mesmo que o clima seja amigável e você conheça bem os outros associados. É uma questão de bom senso não fazer comentários ou piadas ligadas a etnia, política ou sexo. Além de estar ofendendo alguém, você pode estar abrindo uma brecha para que alguém mova uma ação de assédio sexual contra você, por causa de algo que você considerava perfeitamente inocente.

Atualmente, o governo americano facilitou as ações processuais relacionadas à discriminação, assédio e práticas ilegais nos locais de trabalho. Para ser honesto, algumas dessas alegações são corretas e justas, mas, infelizmente, algumas não são. De um modo ou de outro, nessas situações você é considerado culpado até provar o contrário, e até aí o dano à sua reputação já está feito. Sempre que isso acontece, é contraproducente para o negócio, já que se perde tempo nas audiências com os empregados, os honorários advocatícios precisam ser pagos, além das custas processuais. Qualquer funcionário pode ir a uma repartição pública, fazer uma queixa contra discriminação ou assédio sexual, assinar um termo e ter assistência jurídica (gratuita). Seja a queixa justificada ou não, a empresa é obrigada a contratar um advogado e perder um tempo precioso e produtivo de seus supervisores e gerentes, que têm de comparecer às audiências e reuniões para fazer a defesa da empresa. Podemos vencer quase todos os casos, mas ainda assim perdemos muito dinheiro injustamente.

É muito importante que homens e mulheres de negócios desenvolvam um nível de sofisticação no local de trabalho, para que possam usar o bom senso ao lidar com os empregados. Sofisticação não significa comportar-se presunçosamente ou viver de nariz empinado. É só saber quando evitar fazer observações que possam colocá-lo em má situação. Se você disser alguma coisa que desencadeie na outra pessoa um sentimento de reação ou de defesa, então provavelmente você disse a coisa errada.

Quer você seja um empregado ou alguém que ocupe um cargo superior, é importante que saiba que qualquer alegação de assédio sexual feita por você ou contra você vai prejudicar o seu negócio. Creio que, se o bom senso e a razão forem usados, muitas situações de assédio sexual podem ser resolvidas sem o envolvimento de tribunais e processos legais. Se um homem ou uma mulher, no local de trabalho, é abordado de uma forma sugestivamente sexual, tanto direta quanto indiretamente, há uma maneira de encarar a situação com discrição e inteligência.

Primeiro, se você estiver numa situação em que se sinta ofendido ou ameaçado por um outro empregado ou por um superior, você deve tratar com o ofensor diretamente. Você deve declarar enfaticamente que o comportamento dele é impróprio e que não vai tolerá-lo. É preciso que você seja bem claro com relação a isso. Muitas vezes isso encerra o incidente e o trabalho prossegue normalmente.

Entretanto, se a pessoa persistir nesse tipo de comportamento, é hora de procurar um superior para comunicar o que está ocorrendo. Se você for o superior a quem o empregado procura, você precisa ser muito cuidadoso para lidar com a situação. É uma boa idéia ter uma política e procedimentos voltados para lidar especificamente com esse tipo de problema. De fato, no ambiente de trabalho dos nossos dias, isso é imperativo, o que significa fazer isso por *escrito* e num manual de *política* da empresa.

Uma crise que se prolonga ou a retórica negativa que se desenrola nesse tipo de situação não deveriam jamais chegar a esse estágio. Se isso está acontecendo, é porque a empresa não cumpriu sua missão de política de pessoal.

Lembre-se, se você ocupa um cargo superior ao da outra pessoa, estará correndo o risco de ser acusado de praticar injustiça ou discriminação. Assim, é essencial apresentar-se com uma certa sofisticação e profissionalismo durante todo o tempo. Não basta que você esteja acima de qualquer suspeita, é preciso também que aparente estar acima de qualquer suspeita.

4

Hereditariedade *versus* Aprendizado
Como nos tornamos aquilo que somos?

As pessoas nascem com certos traços e características que modelam sua vida inteira? A nossa vida é predestinada pelo nascimento e as experiências da vida são meramente uma vestimenta em que acabamos nos transformando? Algumas pessoas nascem espertas? Outras nascem preguiçosas? Essas questões são muito antigas. Filósofos, acadêmicos e mesmo médicos passaram anos estudando o assunto e as evidências ainda são inconclusivas.

Alguns defendem que o recém-nascido vem ao mundo como uma lousa limpa. Suas experiências e seu ambiente lhe proporcionam as inscrições para preencher essa lousa. Se isso é verdade, então como explicar o fato de que uma criança vinda de uma família pobre, com pais incultos ou brutos, possa tornar-se presidente dos Estados Unidos ou uma personalidade famosa ou um homem de negócios bem-sucedido?

O bom senso e a lógica me levam a acreditar que uma pessoa é moldada por seus traços hereditários *e* por suas experiências. Infelizmente, cada um desses componentes em excesso pode anular o outro. Por exemplo, se uma criança é inteligente por hereditariedade, mas nasce num ambiente que nunca lhe oferece a oportunidade de se desenvolver intelectualmente, então talvez ela nunca tenha uma chance.

Traços hereditários são uma parte importante da personalidade. Desenvolvemos certas características conforme vamos vivendo, e elas se tornam parte integrante de nós. Entretanto, somos moldados por outras influências.

Quando penso em traços hereditários, não posso deixar de pensar nos cães. Enquanto é difícil detectar ou indicar com precisão num ser humano quais são os traços hereditários e quais os adquiridos, é muito fácil fazer isso nos cães.

Tive muitos cachorros em minha vida e alguns deles foram realmente grandes cães. Lembro de cada um deles por suas diferentes personalidades e temperamentos. Apesar de ser verdade que os cães conseguem aprender, muitas de suas características provêm da hereditariedade ou linhagem e isso me leva a crer que, do mesmo modo, as pessoas têm muitos traços hereditários.

Por exemplo, eu me lembro de Max, um pastor alemão que tivemos. Max já era um cão adulto e aparentemente tinha passado por algum adestramento. Por algum motivo foi separado de seu dono. Certo dia, ele apareceu no restaurante *drive-in* do meu irmão. Max não deixava ninguém se aproximar dele, mas pegava a comida que os empregados lhe davam. Meu irmão colocou um anúncio no jornal local, mas sem resultado. Depois de alguns dias, como ninguém tinha respondido, ele me ligou. Ele sabia que eu queria um pastor alemão.

Viajei quase cinqüenta quilômetros para conhecer o cachorro, lá onde meu irmão tinha o restaurante. Misteriosamente, no momento em que eu e o cão nos olhamos, criamos um vínculo. Num minuto estávamos juntos! Levei-o para casa e minha mulher e meus filhos o aceitaram imediatamente. Só que com Maggie, nossa vira-lata, a história foi diferente. Ela rosnou, desafiou-o e ficou diante da vasilha de ração, guardando-a como se fosse sua própria vida. Quando Maggie finalmente percebeu que Max ia ficar, aceitou-o com muita má vontade.

Ironicamente, Max mais tarde salvou a vida de Maggie. Mesmo que nenhum dos dois tenha jamais demonstrado mais do que tolerância um pelo outro, o incidente demonstrou que havia algum tipo de ligação entre eles.

Era uma noite fria de inverno, o sol já tinha se posto e o solo estava congelado. A temperatura estava abaixo de zero. Vivíamos na zona rural e tínhamos três celeiros, um galinheiro (sem galinhas, na ocasião) e mais uns dois anexos. Os cachorros ainda estavam do lado de fora da casa.

Max começou a latir e a se comportar daquele jeito nervoso dos cães quando sentem que alguma coisa não está certa. Fomos até a porta de trás para investigar o motivo daquela agitação. Max recomeçou a latir e avançou em direção aos anexos. Ficamos olhando por alguns minutos e, como não fomos encontrá-lo, ele voltou e recomeçou a latir e novamente correu na mesma direção. Percebemos que ele queria que nós o seguíssemos, e foi isso que fizemos. Ele nos levou até o galinheiro, onde começou a tentar cavar debaixo da construção. Percebi que suas patas estavam quase em carne viva. Deitei de bruços e olhei debaixo do galinheiro. Maggie estava lá, entalada sob o assoalho. Aparentemente ela estava perseguindo algum animal que entrara por ali e acabara ficando presa. Ela mal conseguia emitir algum som quando a encontramos. Ela não teria sobrevivido se tivesse passado a noite ali e se Max não nos tivesse levado até lá. Nós levantamos a construção com um macaco e a libertamos. Uma comida quentinha e uma recepção digna de um herói esperavam por Max. Maggie foi acomodada num lugar aquecido e com comida.

Max morreu algum tempo depois num acidente, mas sempre vou me lembrar dele por sua lealdade. Não sei por que ele se afeiçoou a mim da maneira como o fez. Gosto de pensar que alguma coisa em sua natureza compreendeu alguma coisa que havia na minha. Max tinha uma personalidade leal. Creio que tenho esse tipo de personalidade. Creio que Max, de alguma maneira, compreendeu que essa lealdade a mim seria recompensada, e foi. O modo como Max sentia algumas coisas era um prodígio. Conseguíamos nos comunicar e ele tentava de tudo para me agradar. Éramos inseparáveis. Quando eu viajava a negócios, ele ficava na casa com Marie e as crianças. De alguma forma, quando eu estava voltando depois de ter passado uma noite fora ou após vários dias de ausência viajando, ele parecia pressentir minha chegada. Não era como se eu chegasse num horário marcado ou pelo menos previsível todas as noites. Algumas vezes eu vinha dirigindo por centenas de quilômetros, mas ele já começava a andar em frente à porta de casa uns trinta minutos ou mais antes de eu chegar. Ele parecia saber que eu estava chegando.

King, um *setter* inglês, foi outro dos ilustres cães aos quais eu tive a honra de pertencer. King tinha 4 anos quando eu o peguei e já tinha sido adestrado por seu antigo dono. Era um cão de caça. Como todo cão de caça, ele tinha a necessária característica da obediência. Fizemos muitas caçadas juntos.

Os cães passarinheiros são mantidos normalmente na coleira e não podem correr livremente. Isso porque, se ficarem vagando enquanto caçam e apontam, eles podem permanecer num local tanto tempo quanto suas presas. Podem também cobrir áreas extensas e se perder facilmente. Por isso, a obediência é uma característica essencial num cão de caça. Presos à coleira, eles podem ser controlados sem perder seu treinamento.

King era diferente. Em seus últimos anos, eu podia deixá-lo correr livremente, sem que ele se tornasse indisciplinado numa caçada. Ele era diferente também dos outros cães passarinheiros, porque era ensinado a se comportar dentro de casa. Podia deixá-lo entrar comigo e ele dormia a noite inteira perto da minha cama sem jamais sujar a casa. Era um grande companheiro e amigo. Como cães passarinheiros são mantidos na coleira, eles têm de aprender a fazer suas necessidades onde ficam, e por isso é tão surpreendente que um deles saiba que não pode fazer suas necessidades dentro de casa.

Um dia, J.B., Terry (pai e filho, amigos meus) e eu fomos caçar codornas. Delores, a mulher de Jay, preparou um lanche para levarmos. Ela fez seis sanduíches com diversos recheios e uma sobremesa. Não prestei muita atenção e, distraidamente, pus o lanche na parte de trás da caminhonete onde estava King. Ele comeu tudo, inclusive a sobremesa, exceto o sanduíche que Dory tinha recheado com pasta de amendoim e geléia; os outros cinco eram de presunto e queijo. Os caçadores levaram o incidente na esportiva, mas advertiram Dory para não fazer, da próxima vez, sanduíches com pasta de amendoim e geléia, porque King não gostava deles.

Nós caçamos juntos diversas vezes depois disso e King reconciliou-se com eles sendo um bom cão de caça. Algumas pessoas são assim também. Às vezes cometem erros, mas encontram uma maneira de compensá-los.

Max II era um *dobermann pincher*. Ele ainda era filhote quando o ganhei de Doyle e Velma, meus amigos que moram em Chicago. Era um *dobermann* vermelho, de temperamento calmo, coisa que as pessoas não identificam com essa raça. De fato, na sua fase de crescimento, foi preciso usar o *pit bull* do vigia da noite para tornar Max II um pouco mais bravo.

Ele foi um dos poucos cachorros que eu realmente criei desde filhote. No segundo dia em que estava em nossa casa, ele caiu na piscina e precisei salvá-lo. Ele ficou completamente debaixo d'água. Seus olhos assemelhavam-se a grandes moedas quando ele olhou para mim. Ele se debatia como um louco quando eu o suspendi e não saiu de perto de mim durante o resto daquele dia.

Max II desapareceu depois de ter ficado conosco durante dezoito meses. Sempre me perguntei se sua natureza gentil contribuiu para o seu desaparecimento. Afinal, a maioria das pessoas fica atemorizada perto de *dobermanns*, mas Max II era muito manso, teria acompanhado qualquer um. Havia matilhas de cães selvagens onde morávamos e eles podem tê-lo matado. Ou pode ter sido atropelado por algum auxiliar nosso e não nos contaram. Qualquer que tenha sido o motivo, ficamos tristes por perdermos o potencial que Max II ainda tinha para apresentar.

Meu quarto cachorro preferido e que está atualmente conosco é Shadow, uma *golden retriever*. Originalmente ela se chamava McKenzie, nome dado pelos meus netos, mas mudamos seu nome para Shadow depois de ver o filme *Homeward Bound* (Regresso à Casa). Shadow é uma dama geniosa. Ela foi um presente de Natal que ganhamos de nossos netos. Eles tinham ficado com ela por um ano, passando por todos os estágios difíceis de um filhote. Adestramento para se tornar obediente e não destruir a casa era uma coisa que nem passara pela cabeça de nossos netos quando ela chegou em casa. Algumas vezes, Shadow era, e ainda é, hiperativa. Como as crianças estavam sempre muito ocupadas com a escola e os esportes, ela não recebia muita atenção. Quando alguém demonstrava interesse, ela ficava entusiasmada.

Com Rita fora durante a semana, eu e Shadow passávamos muito tempo juntos à noite. Ela agora é bastante obediente, mas ainda gosta de brincar. Ela se tornou parte integrante da família e uma influência positiva em nossa vida. Adora receber atenção e corresponde com amor e devoção. O que mais podemos desejar de um cachorro? Ela gosta de fazer brincadeiras rudes comigo, pulando e dando umas mordidinhas, mas não faz isso com Rita. Ela sabe o que é aceitável e o que não é. Ela ainda fica muito animada e agitada quando as crianças aparecem e quer participar da reunião com qualquer visita que tenhamos. Ela é tão sociável que passa de um visitante para outro, se for mais de um, dando atenção igual a cada um deles. Ela consegue se comunicar bem conosco e nos mostra se há algum problema ou alguém rondando as proximidades ou se ela quer alguma coisa.

É interessante para mim, enquanto penso nesses cachorros, verificar como a natureza deles ou seus traços hereditários são semelhantes aos das pessoas. Cachorros são como amigos e empregados. Temos alguns excepcionais, alguns melhores do que a média e alguns medíocres. Eles têm certas características e talentos que precisam ser desenvolvidos e alimentados. Parte dessa nutrição pode se dar por interação com as pessoas ao redor. Aqueles que cuidam de cachorros e os treinam ajudam-nos a aperfeiçoar e melhorar suas personalidades e características.

Cada pessoa tem uma natureza, um temperamento e uma personalidade diferentes. Mas somos criaturas sociáveis e precisamos interagir com outras pessoas para aperfeiçoar e melhorar nossos talentos e aptidões. Artistas podem aprender estudando outros artistas. Escritores e poetas lêem as obras de outros escritores e poetas. Bailarinos aprendem com a orientação de outros bailarinos. E pessoas bem-sucedidas gostam de ficar com outras pessoas bem-sucedidas e estudá-las.

Quando encontra um exemplo de sucesso com que você tem de competir, você é forçado a se comparar com outras pessoas. Não fica mais no terreno das hipóteses. Você está na presença de alguma coisa que foi bem feita e agora você precisa fazer a comparação. É necessário tomar uma atitude e você vai continuar praticando ou estudando para ficar cada vez melhor.

Eu ganhava por dia de trabalho quando atendia no balcão do açougue aos 18 anos. Isso era naquele tempo em que os clientes escolhiam o pedaço que queriam entre as carnes expostas, que era então embrulhado num papel, amarrado com barbante ou preso com fita adesiva. Eu ficava extremamente impressionado com minha habilidade para empacotar carne e atender aos pedidos dos fregueses. Na mesma época, meu irmão mais velho me contratara para trabalhar aos sábados em sua loja. Para minha grande surpresa, ele era duas vezes mais rápido do que eu. Eu realmente fiquei abismado por não ser tão bom quanto ele. Fiquei determinado a melhorar e fiz isso, mas o tempo que trabalhamos juntos não foi longo o suficiente para que minha habilidade atingisse o nível da dele. Eu me aperfeiçoei por causa dele. Quanto melhores são as pessoas à nossa volta, mais nos sentimos desafiados a nos aperfeiçoar.

Quando estava servindo o Exército, no Forte Leonard Wood, eu praticava boxe e jogava futebol americano. Naquele tempo, o alistamento era geral; isso incluía atletas excelentes. Havia muitos grandes atletas em nossa unidade. Rodeado por eles, minhas aptidões atléticas até pareciam melhores do que eram. Você sempre aparenta ser melhor do que é quando está rodeado de bons jogadores.

Uma das grandes experiências que eu e Rita temos vivido ultimamente é observar o retorno das grandes tartarugas marinhas à praia em que nasceram e onde vão pôr seus ovos. Saímos à noite e ficamos olhando quando elas vêm para a areia. Se forem perturbadas, elas voltam para a água e esperam mais uma noite. Quando elas estão na praia, vão até uma elevação na areia e constroem seus ninhos, camuflando-os para os resguardar de predadores. Observamos pacientemente e, quando tudo está pronto, as tartarugas entram numa espécie de êxtase e põem os ovos. As lágrimas correm de seus olhos. Como todo nascimento, é um trabalho difícil e extenuante para a mãe. Depois que depositaram seus ovos na areia, ainda têm pela frente a laboriosa tarefa da volta ao mar.

O que impressiona nesse processo é que elas nunca se esquecem de onde vieram ou quem são elas. Viajam milhares de quilômetros para voltar às suas raízes.

Tudo o que nós seres humanos temos a fazer é *nos lembrar* e *ser humildes*. Quanto mais importantes nos achamos, mais fácil fica para que alguém tome o nosso lugar.

Os que são bem-sucedidos em suas carreiras conhecem seus pontos fortes e suas fraquezas. Rodeiam-se de gente com espírito de equipe, empregadores e empregados que intensificam suas forças unindo-as. Algumas vezes é uma longa luta que precisamos travar para chegar a atingir o ponto em que estamos seguros de nossas forças e no qual nos sentimos capazes de lidar com nossas fraquezas. Às vezes você é nocauteado e precisa levantar-se e começar novamente.

Nessas situações é que suas características hereditárias, quaisquer que sejam elas, desempenham o papel principal na determinação do seu futuro. É preciso que você tenha algum tipo de desejo ou de chama dentro de você que o mantenha em movimento, nos trilhos e em frente.

Se você acha que gente bem-sucedida não passa por sofrimentos e tribulações, você está errado. Ninguém passa por esta vida incólume. Todos temos oportunidades para fazer correções. Reveses, temores, esgotamento, ansiedades e tempos difíceis acontecem tanto para ricos como para pobres. Discussões, conflitos, confrontos, desaprovações, pressões familiares, financeiras ou legais fazem parte da experiência de qualquer um. É assim que aprendemos a lidar com o negativo. Precisamos melhorar nossa capacidade e nosso desejo de aprender a lidar esses aspectos negativos.

5

Tenha um Pouco de Compaixão

Da época em que eu tinha 12 anos até atingir os trinta e poucos, nunca chorei. Tinham me ensinado que eu precisava ser durão. Podiam me bater, mas eu não derramava uma lágrima, pelo menos enquanto houvesse alguém olhando. Foi assim que fui criado. Os homens não choravam. Eram tempos difíceis e confusos.

Fui criado numa comunidade de mineiros em que os homens trabalhavam arduamente nas minas e as mulheres trabalhavam exaustivamente em casa. Lavávamos as roupas com as mãos, usando uma tábua e uma grande tina. Limpávamos o linóleo ou o assoalho de madeira à mão. A roupa da família era feita aproveitando-se qualquer outra peça, normalmente sacos de farinha alvejados e secos. A vida era dura mas simples. Não havia televisão, somente alguns aparelhos de rádio,

assim a diversão consistia em encontrar os amigos e a família. Visitas, partidas de baralho ou piqueniques — essa era a programação dominical, já que a jornada de trabalho era de seis dias por semana para todos. As reuniões de família eram freqüentes e as visitas eram a diversão.

Aos sábados, depois que todos recebiam o pagamento, as pessoas se reuniam no centro da cidade para passear pelas ruas, encontrar com os amigos e conversar. Em Picher, Oklahoma, era comum que alguns bate-papos se transformassem em discussão. Também não era incomum ver dois homens adultos, com diferentes pontos de vista, esmurrando-se na rua. As pessoas formavam um círculo em volta deles e encorajavam seu favorito, enquanto os dois trocavam socos. Lutar usando os próprios punhos era o modo de resolver disputas e divergências. As ações judiciais e os advogados não eram comuns, na verdade nem existiam. Na maioria dos casos, não havia nenhum dispositivo legal a que recorrer. Guardas-civis e juízes de paz eram a única coisa com se podia contar. Era a sobrevivência dos mais adaptados.

Naquele tempo, os mineiros tinham famílias grandes. Afinal, eles iam para a cama assim que escurecia e acordavam com o nascer do sol, com nada mais para fazer até a hora de ir trabalhar. Meu pai sempre me dizia que eu seria bem mais velho se ele não tivesse sido tão acanhado.

Trabalho duro e honestidade eram o que regia o dia-a-dia. As crianças brigavam pela liderança, mais ou menos como os animais o fazem, para estabelecer quem era o mais forte. Isso não faz tanto tempo. Veja quantas coisas mudaram. Hoje, uma briga na rua vai atrair pelo menos seis guardas e gerar automaticamente multas por agressão e ações no tribunal, caso não leve os envolvidos a passar algum tempo na cadeia.

Vivi bastante tempo naquele período “rude e violento”. Só aprendi que trocar socos não é a melhor maneira de resolver um problema quando formei minha própria família e comecei a construir meus negócios. Aprendi também que as outras pessoas têm sentimentos, desejos e sonhos, exatamente como eu. E que elas querem ser respeitados.

Demonstrar compaixão não é um sinal de fraqueza. Na minha maneira de ver, é na verdade um sinal de força. De alguma maneira, aos trinta e poucos anos aprendi a chorar novamente. Não consigo me lembrar do acontecimento que me levou a isso, mas não me sinto envergonhado por ter chorado. Não peço desculpas pelas minhas lágrimas. Na verdade, sinto-me orgulhoso por ter emoções e poder demonstrá-las. Se eu estiver lendo uma notícia trágica no jornal ou ouvir sobre um crime hediondo, particularmente que envolva crianças, sinto vontade de chorar. Do mesmo modo, se ouvir uma história tocante, assistir a um filme triste ou mesmo a uma comédia, posso chorar.

Um amigo me telefonou recentemente para me contar que seu filho e sua nora finalmente tinham conseguido adotar uma criança. Durante esse processo, eu tinha me envolvido tentando ajudá-los a achar uma criança e sabia o quanto eles a desejavam. Quando minha mulher entrou na sala, as lágrimas escorriam livremente pelo meu rosto e ela ficou assustada.

— O que aconteceu? — ela perguntou.

— Nada. Só estou feliz! — respondi.

Quando penso nisso, os tempos rudes do começo do século passado não podem ser comparados aos tempos difíceis da atualidade. Embora o cotidiano fosse regido pela violência, a falta de significado e a maldade nunca foram tão evidentes como agora. Quando leio as notícias e vejo os Estados Unidos sendo vítimas de terroristas, alguns dos quais americanos, não posso deixar de pensar que o país está perdendo a consciência, a compaixão e os limites impostos pela moral. A história nos mostrou outros países em que os líderes governaram usando a crueldade e o medo, mas nos Estados Unidos nós sempre nos colocávamos acima dessa mentalidade.

Por muito tempo, acreditei que detínhamos o mais elevado patamar moral. Já não penso assim. Como chegamos a um ponto em que valorizamos tão pouco a vida humana? Nossas crianças estão começando a matar umas às outras. Quando uma criança de 6 anos bate num bebê de um mês até matá-lo, você sabe que essa criança não compreende o valor da vida humana. Não posso deixar de imaginar quem falhou na hora de ensinar compaixão a essa criança.

Nunca perca a compaixão. Não pense na compaixão ou em emoções como sinais de fraqueza. Não se desculpe e não se arrependa por se compadecer de seus semelhantes. Afinal, na minha opinião, examinando os sentimentos dos seres humanos, é quase impossível jogar fora toda a compaixão. Ela é um ingrediente vital em nossa estrutura moral. O oposto da compaixão é a apatia. Se começarmos a deixar que a indiferença faça parte de nossa estrutura moral, o caos certamente vai dominar o cotidiano.

Parte IV

A Liderança Gera o Sucesso

1

Motivar as Pessoas para que Elas Queiram Ser Bem-sucedidas

É preciso visão, liderança e coragem para fazer um negócio ser bem-sucedido. A liderança é a principal diferença entre o sucesso e o fracasso. Os líderes pensam em termos de longo prazo e têm uma visão abrangente de todo o quadro. Eles se armam com valores sólidos e disciplina, sendo ao mesmo tempo corajosos e inspirando respeito e comprometimento. Um líder precisa ser capaz de concentrar-se no que é importante, não naquilo que não é, para poder encontrar respostas simples para questões complexas.

Um líder também precisa ter uma equipe para liderar. Um líder sabe que não pode fazer seu trabalho sozinho, que precisa ter pessoas eficientes trabalhando com ele (observe que eu não disse "para" ele) para realizar os objetivos da equipe. Ao mesmo tempo que a liderança consegue enxergar oportunidades e desafios em potencial, ela precisa saber que sua equipe está tomando conta dos detalhes e das tarefas imediatas.

Ajustar-se às expectativas

As aptidões que adquirimos por necessidade se incorporam rapidamente à nossa psique. Se o nosso futuro ou a nossa subsistência depende do fato de nos darmos bem com uma pessoa, costumamos encontrar um jeito de viver harmoniosamente com ela.

Quanto antes descobrirmos que algumas pessoas têm influência sobre nossa vida e nosso sucesso, mais cedo começamos a desenvolver comportamentos e hábitos aceitáveis para aqueles com quem precisamos conviver. Aprender a se ajustar às expectativas dos outros é normalmente algo que fazemos quando nossa carreira ou cargo assim exige. Aprendemos como o chefe quer que o trabalho seja feito e o fazemos da maneira como o chefe quer!

Entretanto, se você for o chefe, precisa desenvolver habilidades que incentivem as pessoas a seguir sua liderança e a fazer o trabalho do modo que você quer que ele seja feito. Não basta ocupar uma posição de chefia para inspirar respeito. É importante ser tão agradável e flexível quanto possível, sem comprometer o trabalho ou a empresa.

As pessoas aprendem observando e imitando o comportamento de outras. Aprendem por intermédio de influências positivas e negativas. Lembra-se dos cães de Pavlov? Eles aprendiam por meio de reforço negativo. Eu já tinha vivido alguns anos quando descobri que meu nome não era "Gene Seu Peste".

"Gene, seu peste, por que você pôs fogo aí?"

"Gene, seu peste, onde você esteve até agora?"

"Gene, seu peste, eu lhe disse para não fazer isso."

Quando as pessoas me chamavam só de "Gene", pensavam que eu era bobo porque não respondia.

Os líderes ganham mais terreno usando influências positivas para eliminar um comportamento do que empregando qualquer tipo de influência negativa. O exercício da influência negativa (punição ou reprimenda) às vezes é necessário, mas deve ser usado como último recurso.

Alguns nascem líderes. Outros aprendem a ser

O modo como você se apresenta é vital para o progresso da sua carreira. As pessoas que são promovidas geralmente são autoconfiantes, seguras, têm um bom índice de sucessos, conseguem demonstrar aptidão para trabalhar bem com outras pessoas, são centradas e têm um objetivo.

Algumas pessoas parecem ter nascido com as qualidades necessárias para ocupar a liderança. Têm personalidade forte, voz de comando ou uma aptidão acadêmica ou atlética natural. Essas pessoas atraem a atenção automaticamente. Algumas vezes elas não têm um talento maior, mas carregam um certo carisma que faz com que os outros as sigam. São pessoas que se destacam.

Por outro lado, há outras pessoas com muito talento, educação e capacidade intelectual, mas que não atraem *automaticamente* a atenção. Esse tipo de líder precisa trabalhar muito sua personalidade e a capacidade de atrair a atenção.

Eu disse que alguns são líderes natos, mas sei que outros podem ser construídos, pois faço parte dessa categoria de líder. Não acho que eu chame muita atenção num primeiro encontro, portanto preciso me esforçar muito ao me apresentar. Eu preciso liderar pelo exemplo. Tento liderar trabalhando muito, sendo um ouvinte atencioso e uma pessoa sincera. Estabelecer um histórico de negócios bem-sucedidos gera um bom exemplo, o qual, por sua vez, chama a atenção.

Como motivar

Os líderes precisam entender as diversas técnicas de motivação. A maioria das pessoas é motivada por um desses motivos ou por todos: Dinheiro, Reconhecimento, Satisfação Pessoal ou Poder.

O desafio da liderança é descobrir o que faz as pessoas reagirem. Todas as pessoas têm forças motivacionais. Elas também têm meios de disfarçar sua verdadeira personalidade. Portanto, torna-se um desafio descobrir a chama existente nelas que vai inflamar seu desejo de se esforçar e realizar suas ambições.

Encontrar o nicho certo para cada pessoa exige cuidado e estudo. Precisamos observar os empregados e estar sintonizados com a vida deles. Muitos diretores vivem numa redoma e só vêem o mundo do seu ponto de vista. Um líder tem a capacidade de ver muito mais adiante. Para ocupar essa posição é preciso ter uma personalidade sincera e ser capaz de estimular seus subordinados.

Dinheiro, dinheiro, dinheiro

Muitas vezes aqueles que dirigem uma empresa pressupõem que o dinheiro seja a única força motivacional por trás das ambições de seus empregados. É evidente que os empregados esperam ganhar um salário bom e competitivo, mas muitos estudos têm mostrado que o dinheiro em si raramente é um fator motivador na satisfação do empregado com seu trabalho. Entretanto, é importante pagar aos empregados um salário competitivo, tomando por base as características de seu cargo, a média salarial do mercado e o setor em que você atua.

É preciso fazer levantamentos dos salários pagos por outras empresas e atualizá-los constantemente. À medida que o comércio e a indústria procuram atuar com mais eficiência, torna-se imperativo que tenham uma boa idéia do montante exato de suas despesas com funcionários e de quais são as expectativas de longo prazo com relação a eles.

Por exemplo, os salários nas grandes metrópoles são bem diferentes daqueles que são pagos em áreas rurais. Normalmente, o custo de vida na zona rural é muito mais baixo do que nas áreas metropolitanas. Se você estiver fazendo negócio numa área turística ou em balneários, o custo de vida vai ser ainda mais alto do que nas cidades grandes. Os investidores precisam passar algum tempo fazendo levantamentos salariais num raio de uns 150 quilômetros em torno do local em que estão operando. Precisam também examinar os salários pagos pela concorrência na região.

Para oferecer um salário competitivo, uma boa regra prática é procurar pagar aos empregados um salário que fique entre o mais alto e o mais baixo da região. Por exemplo, uma pessoa que trabalha com processamento de dados recebe de um concorrente local um salário inicial de $6.50 por hora e o maior salário pago para essa função num raio de 150 quilômetros é de $12.50 por hora; se você pagar inicialmente $7.00 por hora, provavelmente estará oferecendo um salário competitivo. Então você deverá ir além e fazer um planejamento para atingir os $12.50 por hora.

Você precisa explicar ao seu candidato à vaga de processador de dados que vai começar pagando-lhe um salário de $7.00 por hora. A partir da data da contratação, a expectativa dele será chegar ao salário máximo de $12.50. Sabemos que o custo de vida terá se elevado antes que o empregado atinja a marca dos $12.50, e é por isso que os levantamentos e comparações salariais precisam ser feitos e avaliados constantemente, pelo menos a cada dois anos. Esse acompanhamento pode demonstrar que, depois de dois anos de contratação, o empregado pode esperar um teto salarial de $13.50. É importante que o empregado entenda que esses números não são promessas, mas somente uma referência para que ele possa situar suas expectativas salariais.

Ao fornecer essa informação aos empregados você os ajuda a ter uma idéia de como seu negócio é competitivo para bons empregados. Se sua empresa demonstra um esforço sincero para continuar sendo competitiva, seus empregados se sentirão mais satisfeitos com relação aos seus salários. Eles saberão que podem ganhar mais em outra cidade, mas, se sentirem que vão ser amplamente compensados na empresa para a qual trabalham, na cidade em que moram, eles vão preferir manter seus empregos estáveis.

Os empregados também precisam saber que suas despesas com eles vão muito além do que eles recebem como salário. Precisam entender não só a importância dos benefícios que recebem como saber também qual é o custo deles. Esses benefícios podem ser: um carro da empresa para uso contínuo, ou ter um automóvel à disposição, previdência privada, direitos trabalhistas, etc. Um empregado diz: "Sim, eu quero esses benefícios, eles são importantes para mim", mas não os considera como parte de seu pagamento. Os empregados vêem esses benefícios como intangíveis e isso precisa mudar. Ao lhes fornecer essa informação, você lhes proporciona um melhor entendimento de como o mundo dos negócios está trabalhando para mantê-los empregados e por que o lucro é tão importante para que eles possam manter seus empregos.

Se um empregado atinge seu teto salarial, então ele, ou seu empregador, terá de fazer uma escolha. Esse empregado pode se empenhar para ser promovido para um cargo melhor ou procurar um emprego em outra empresa se ganhar mais for seu único objetivo.

Reconhecimento e satisfação consigo mesmo

Empregados que fazem todos os dias um trabalho que pode ser classificado como bom ou excelente. Empregados que vão além de suas obrigações. Empregados que fazem da empresa um negócio bem-sucedido.

Bons líderes desejam dar a esses empregados algum tipo de recompensa por seu esforço extra. Pode ser que nem sempre seja possível recompensar um empregado com prêmios em dinheiro, a não ser com pagamento de horas extras, por ter viajado uma distância maior do que a prevista ou por um desempenho constantemente acima da média.

É importante fazer com que os empregados se sintam especiais e valorizados pelo trabalho que fazem. Muitas vezes, um simples obrigado por parte do patrão pode elevar em muito o moral do empregado. Os empregados ficam extremamente satisfeitos ao sentir que desempenham um papel especial na organização. Mais uma vez, lembre-se de que a sinceridade é fundamental na hora de agradecer aos empregados por um serviço bem-feito. Você precisa sentir isso, caso contrário, seu agradecimento vai parecer falso e não vai aumentar a motivação dos funcionários.

Algumas empresas têm um programa periódico (semanal, mensal, trimestral) de reconhecimento dos funcionários. Uma foto e uma placa, dispostos em lugar de destaque, informam aos demais quem se sobressaiu em suas tarefas.

Uma outra forma de agradecer aos funcionários e expressar seu reconhecimento pelo trabalho que fizeram é oferecer um almoço de agradecimento. Você pode encomendar uma *pizza* da Pizza Hut ou incentivar cada empregado a trazer um prato. Depois que acabarem de comer, fale a respeito do reconhecimento com relação ao trabalho dos empregados e agradeça-lhes.

Um bom líder precisa dar crédito a quem merece. Se um empregado que você está supervisionando surge com uma boa solução para um determinado problema, tome providências para que os outros empregados e os seus superiores tomem conhecimento do ocorrido. Como líder você precisa ser confiante o bastante para não se sentir ameaçado pela contribuição dada por outra pessoa. Lembre-se, um líder não é julgado somente pelo seu próprio trabalho, mas pelo desempenho de toda a sua equipe.

Eu me lembro dos meus tempos de supervisor na indústria de pneus. Pedi aos meus empregados para me ajudarem a aprender e eles me deram retorno. Nossa equipe tornou-se conhecida por seus altos índices de produtividade. Conseguíamos todos os testes de corrida porque éramos eficientes. Eu lhes pedi ajuda porque eles eram bons e eles sabiam disso. Você pode incentivar as pessoas a fazer o melhor possível frisando um ponto básico: se a empresa não tiver lucro, então você não vai ter aumento salarial ou um número maior de benefícios, porque não haverá dinheiro para isso.

O poder do conhecimento

O poder pode ser um instrumento muito útil quando colocado nas mãos certas. O poder é a transmissão de uma determinada autoridade a uma pessoa. É muito fácil abusar do poder, por isso você precisa ser muito cauteloso ao selecionar as pessoas a quem atribuirá poder em sua organização.

O poder, entretanto, é uma força muito motivadora para algumas pessoas. Quando um empregado é promovido a um posto de supervisão, isso lhe acarreta automaticamente poder e responsabilidade. Ele terá oportunidade de assumir mais controle sobre uma situação do que provavelmente jamais teve antes.

O poder não precisa estar somente nas mãos de gerentes e supervisores; as boas lideranças podem dar poderes aos próprios empregados. Quando um empregado sente que realmente tem influência sobre a lucratividade da empresa, isso se torna um fator motivador.

O controle de qualidade ou a gestão pela qualidade total é um lema de toda essa geração. A Gestão pela Qualidade Total encerra a crença de que o controle constante da qualidade em todos os aspectos do negócio aumenta a lucratividade desse negócio. Esse conceito diz respeito à delegação de poderes aos empregados para orientar e dirigir a lucratividade da empresa.

A fim de fazer isso, os líderes precisam dividir seu conhecimento com os empregados. Têm de treiná-los sucessivamente a cada oportunidade. Os líderes precisam estar atentos para ter a certeza de que seus empregados estão cuidando da qualidade do seu produto ou serviço exatamente como se deve. A administração da equipe, a solução dos problemas da equipe, o envolvimento de empregados em projetos e programas de participação nos lucros, tudo isso ajuda os empregados a se ver como uma força especial na empresa. Quando os operários sabem que estão produzindo um produto de qualidade, eles podem ficar orgulhosos desse produto e saber que a lucratividade do negócio e a deles mesmos dependem do seu desempenho.

Os empregados a quem são delegados poderes sabem que seu potencial de ganho não é determinado subjetivamente por alguma força desconhecida, encerrada numa torre de marfim, em algum lugar do quartel-general da corporação. Esses empregados têm um bom entendimento do que é lucro e margens de perda e de como enquadrá-los.

Fiquei admirado com o número de estudantes que fazem MBA e não sabem a diferença entre Lucro Líquido e Fluxo de Caixa. Se o nosso mundo acadêmico não aborda os aspectos dos dados operacionais, pense em quão pouco estamos informando nossa força de trabalho sobre os números necessários para progredir e em que velocidade.

2

Características de Liderança

Conheci muitas pessoas bem-sucedidas em minha vida e identifiquei um número razoável de características de liderança comuns a essas pessoas. Muitos desses líderes têm algumas ou todas essas características e, evidentemente, quanto mais tiverem, melhores líderes são.

Bons líderes são respeitados. Observe que eu não disse amado. Não há nada de errado em ser amado em sua condição de líder, mas o mais importante é ser respeitado. Quando eu estava no Exército, um soldado sob meu comando não apareceu no horário e fui obrigado a repreendê-lo. Eu o chamei de lado e falei com ele sobre o acontecido. Mais tarde, soube que ele dissera aos outros que eu acabara com ele. Quando perguntaram o que eu tinha lhe dito, ele respondeu: "Bem, na verdade ele não disse muita coisa, mas enfatizou cada palavra!" Você não vai querer deixar uma impressão negativa porque as pessoas vão se ressentir. O segredo é atingir o ponto exato de modo que os outros possam entendê-lo e respeitá-lo.

Bons líderes conseguem manter a calma. É importante não deixar que as emoções interfiram em qualquer situação que envolva negócios, embora isso seja muito difícil. Você precisa permanecer calmo nas situações adversas. As outras pessoas à sua volta vão estar ansiosas e um líder calmo e tranqüilo pode ajudá-las a ver a situação de outro modo e manter a equipe coesa.

Bons líderes têm senso de propósito. O desafio com relação ao senso de propósito é manter todos os empregados concentrados num objetivo. Isso significa que você precisa ter uma meta precisa e meios bem definidos para chegar lá. Por isso a liderança nem sempre resulta da totalidade. Pode surgir de uma maioria.

Bons líderes são persistentes. Você não pode perder de vista seu objetivo. Não pode desistir. Não pode se dar por vencido. Essa é a diferença entre um líder e um sonhador. O líder vai insistir, insistir, insistir. Para isso é preciso ter paciência, fé em si mesmo e trabalhar muito.

Bons líderes fazem sacrifícios. *Queixas e lamentações estão fora de cogitação.* Algumas vezes você terá de abdicar de suas horas de folga e perder seus compromissos sociais para manter seus negócios funcionando da melhor forma possível. Você também não pode se vangloriar quando as coisas estiverem indo bem. Um bom líder não pode sair por aí se gabando do seu sucesso. Como eu já disse anteriormente, se você for merecedor de algum crédito, deixe que outra pessoa o elogie.

Bons líderes são eternos aprendizes. Ao adquirir conhecimento você garante sua posição. O dia em que você deixar de aprender será o dia em que vai começar a regredir. É preciso conhecer seus pontos fortes e suas fraquezas. Você sabe o que faz bem, então concentre-se em seus pontos fortes e melhore aquilo que não for tão bom.

Bons líderes são bons ouvintes. Quem não pára de falar não tem tempo para ouvir. Um bom líder sabe a importância de observar e ouvir os outros à sua volta. Um bom líder interessa-se pelas opiniões dos colegas e dos empregados. Ele se dispõe a ficar calado e a ouvir o que os outros têm a dizer.

Bons líderes inspiram confiança. As pessoas sabem que os líderes conseguem que o trabalho seja feito. Quando eu estava na Malaísia fazendo um filme, conheci um homem a quem atribuíam poderes especiais. Diziam que ele era capaz de prever o futuro. Cheguei a conhecê-lo bem.

Certa vez em que eu estava conversando com ele, percebi um lagarto rastejando no teto. Ele me disse:

— Vou fazer este lagarto cair.

Ele deu a impressão de deixar o lagarto zonzo usando seu pensamento e sua concentração. O lagarto começou a correr em círculos; sua cabeça pendeu para trás e achei que certamente o lagarto fosse cair. Em vez disso, ele lançou seus excrementos sobre a mesa que ficava embaixo.

O homem afastou os olhos do lagarto e disse:

— O lagarto não me fez mal algum, por isso não vou machucá-lo.

Uma vez, quando eu estava contando essa história em público, estendi minha mão firmemente para enfatizar o poder de ouvir com atenção. Ao fundo, atrás do palco, soava o ruído de um motor. Mantive minha mão estendida por cinco ou seis segundos diante de uma platéia silenciosa, e de repente o motor parou de funcionar. Não tive nada a ver com o acontecido, mas eles poderiam ter acreditado que eu fizera aquilo se confiassem em mim.

Bons líderes sabem a verdade a respeito de seus subordinados. A verdade é que a maioria dos subordinados ressente-se de seus patrões ou superiores. Não importa quão generoso, tolerante, flexível ou clemente você seja, muitos subordinados vão nutrir ressentimentos com relação a você. Eles podem, entretanto, jamais demonstrar isso.

Conheci um homem que durante anos se ressentiu do fato de ocupar o segundo lugar de chefia, mas ele não conseguia aceitar bem as críticas construtivas ou sugestões que lhe eram feitas. Depois de se aposentar e sentindo-se em segurança, ele aproveitou a oportunidade para fazer todas as suas críticas com relação ao que ele considerava as fraquezas alheias. Ele despejou os ressentimentos e as frustrações que armazenara durante anos.

Nem me preocupei em responder ou em dizer-lhe que eu poderia rebater cada uma de suas queixas. Nem lhe repeti as opiniões negativas que outras pessoas tinham sobre ele. Isso não levaria a nada e provocaria uma disputa ainda maior. Disse-lhe simplesmente que eu ouvira seus comentários e os registrara. Agradeci-lhe por ter se expressado. *O espelho muitas vezes registra uma imagem diferente daquela que estamos dispostos a aceitar.*

Bons líderes encarregam-se de seu crescimento pessoal. Eles têm uma sólida compreensão do seu ambiente, de suas aptidões básicas e conhecem sua profissão. São bem-informados e normalmente são os melhores naquilo que fazem. Eles amam seu trabalho e preocupam-se sinceramente com ele. O desafio para eles é ser o melhor possível — o melhor pai, o melhor profissional, o melhor ser humano.

Bons líderes descobrem oportunidades na adversidade. Todos nós achamos que nos conhecemos, mas isso não é verdade. Você não sabe até que ponto você é bom, e nem saberá, até ser testado. A maioria das pessoas não se preocupa em saber o quanto é bom porque está com a cabeça voltada para outras coisas.

Penso em Magic Johnson. Quando um calouro estava tentando conseguir que Magic fosse visitar sua Universidade, achou que sete da manhã seria um bom horário para encontrá-lo em casa. Ele tocou a campainha e a mãe de Magic atendeu. "Não, ele não está; está na quadra, praticando", foi a resposta dela. É a liderança pelo esforço e pelo exemplo. Ele é um dos melhores líderes dos Estados Unidos. Ele dá o exemplo apenas com sua presença. Está sempre sorrindo com simpatia e é bom no que faz — jogar basquete. Mas um acontecimento externo, não relacionado com sua habilidade espetacular nas quadras de basquete, fez Magic Johnson olhar bem fundo dentro de si mesmo e encontrar um meio de superar o fato de ser portador do HIV e tentar alertar os outros para que não se tornem soropositivos.

Magic Johnson ainda é um líder, mas agora na luta contra a Aids e na educação dos jovens com relação aos perigos do sexo sem proteção. Embora ele tenha pago, sem dúvida nenhuma, um preço muito alto por esse papel, é realmente um alívio para os nossos jovens ter um líder nacional do calibre de Magic Johnson para ajudá-los nessa causa.

Bons líderes têm integridade e honra. Muitas pessoas ganham a vida e acumulam fortunas enganando as pessoas. Elas podem ser muito boas nisso e seguir esse caminho por muito tempo. Entretanto, os mentirosos têm muito trabalho para manter suas mentiras e, cedo ou tarde, elas acabam por ser desmascaradas. Observem o exemplo de Michael Milliken e de outros operadores de ações podres. Onde eles foram parar?

A integridade também é importante no mundo dos negócios. Os líderes não só precisam ser íntegros, eles precisam dar sempre a impressão de ter integridade. Trata-se de uma batalha incessante. Quando a integridade de um líder é posta em dúvida, seja por suas próprias ações seja por atos cometidos por seus subordinados, é árduo o caminho para sua recuperação.

Aprendi minha lição sobre honestidade e integridade da maneira mais difícil. Eu tinha um vizinho que se mudou para Las Vegas e arranjou um emprego como guarda num cassino. Uma vez, quando eu estava em casa para aproveitar uma folga, ele foi me visitar. Mostrou-me um lindo relógio e disse:

— Vou vendê-lo para você por cem dólares.

Não aceitei. Quando ele veio me visitar novamente, trouxe uma valise, uma câmera Polaroid e o relógio. Ele precisava de dinheiro para a passagem de volta para Vegas e me ofereceu tudo por cem dólares. Eu disse:

— Está bem, eu compro.

Eu não tinha um bom relógio. Meu sócio Elmer e eu dividimos o custo da mercadoria. Eu fiquei com o relógio.

Como eu estava orgulhoso daquele relógio! Eu estava convencido de que tinha feito um ótimo negócio. Ele tinha um aro de ouro em volta do mostrador. Um dia, ele parou de funcionar e eu pensei que provavelmente estivesse precisando de uma limpeza. Levei-o a um relojoeiro e ele me perguntou:

— Você quer que eu limpe este relógio?

— Sim, e se estiver com algum outro problema, pode consertá-lo.

— Você quer que eu conserte este relógio? — ele perguntou, como se não pudesse acreditar no que eu estava lhe pedindo.

— Por quê? Eu não deveria? — perguntei-lhe, começando a ficar preocupado.

— Quanto você pagou por ele?

— Uns cinqüenta dólares. Quanto vale?

Ele sorriu e disse:

— Ora, esses relógios são vendidos às dúzias... por uns dez dólares.

Aprendi uma lição valiosa sobre qualidade, honestidade e integridade. Mesmo que eu tenha sido ludibriado no caso do relógio, os cinqüenta dólares que paguei por ele valeram a lição.

Todos nós passamos por esse tipo de experiência. As pessoas bem-sucedidas estão sujeitas a pagar muitas vezes um preço acima do valor real. Sei de muitas ocasiões em que me cobraram a mais porque "ele tem dinheiro para pagar esse valor". O preço do serviço ou da mercadoria pode variar muitas vezes em função do que o mercado tem a oferecer. Isso não vai mudar e, se você consegue um serviço bem-feito, provavelmente não vai reclamar.

Nem tudo na vida é perfeito. Má saúde, má sorte, más jogadas, más decisões ou más personalidades podem acontecer a qualquer um, em qualquer ocasião. (Podemos não ter recebido boas cartas, mas temos de jogar com aquilo que temos na mão e fazer o melhor possível.)

3

Não Existe Nenhum "Eu" na Palavra "Time"

"Eu construí esta empresa."

"Eu transformei esta empresa no que ela é hoje."

"Eu SOU a empresa."

"Eu levei este departamento ao seu mais alto índice de produção em anos."

Quantas vezes você ouviu esse tipo de comentário de homens de negócio bem-sucedidos? Eles não têm a intenção de ser arrogantes. E até podem não parecer arrogantes quando dizem isso. Um empresário deve se mostrar orgulhoso de sua empresa e das realizações dela.

Entretanto, normalmente é preciso mais do que uma pessoa para tornar uma empresa ou uma organização bem-sucedidas. É preciso o trabalho de uma equipe.

É preciso um diretor ou um proprietário para reunir um time de indivíduos que possa gerar progresso e crescimento.

O ativo mais importante para qualquer negócio são as pessoas, as pessoas que estão ali trabalhando em troca de um salário, ainda que a palavra "pessoa" raramente apareça numa folha de balanço ou figure na avaliação da empresa. O ativo mais importante que temos não é mencionado nos relatórios financeiros, nos demonstrativos de Lucros e Perdas, no Balanço, no Fluxo de Caixa ou em qualquer outro lugar. Sem uma boa equipe sua empresa é questionável.

Os melhores administradores são aqueles que conseguem respeitar essas pessoas e motivá-las a trabalhar da melhor maneira possível. Todos querem ser respeitados e se sentir orgulhosos de si mesmos e de seu trabalho, assim, os melhores dirigentes são aqueles que trabalham como treinadores e não como ditadores.

A essa altura você já deve ter percebido que uso com freqüência a analogia com a figura do "treinador". Acho que é esse um bom e saudável papel de liderança. O desempenho do treinador enfatiza a necessidade do trabalho em equipe para conseguir a vitória, respeita a integridade do indivíduo e fornece a força motivadora para alcançar o sucesso.

As posições dos jogadores e as estratégias de jogo

Existem duas formas de se montar um time: você pode adaptar os jogadores à sua estratégia ou adaptar sua estratégia aos jogadores. Se você já tem uma estratégia, uma meta específica e um método para atingi-la, então você precisa adaptar os jogadores à estratégia do jogo.

Analise as pessoas em sua organização, descubra seus pontos fortes e fracos e determine em que posições devem jogar. Se você fosse um preparador de corredores e tivesse diante de si um atleta que não conseguiria vencer os cem metros rasos, mas que tem muita resistência, você o transformaria num corredor de longa distância. Se você fosse técnico de futebol e tivesse um jogador muito rápido, você não o colocaria na defesa. Posicione seus empregados assim como faz um treinador.

Esses mesmos princípios valem para a contratação de novos empregados ou para a formação de uma nova equipe. Você precisa saber qual o aspecto que deseja dar à sua empresa (sua estratégia de jogo), para depois definir a melhor posição para cada jogador, de modo que se encaixem na organização. Como treinador, você precisa buscar o melhor desempenho em todas as suas posições.

Já que bons empregados são os nossos ativos mais valiosos, existe muita concorrência na busca das pessoas certas. Bons profissionais pedem e exigem altos salários e benefícios especiais porque são bons. Se eles forem bons para uma empresa, então outra companhia vai querê-los porque é muito difícil encontrar bons profissionais. A demanda por bons profissionais é grande na área de prestação de serviços e do comércio.

Bons profissionais podem chegar até você pelo processo de abertura de vagas e entrevistas, mas descobri meus melhores gerentes e altos executivos em minha empresa procurando pessoas que desempenhassem funções semelhantes em outras organizações.

Vou dizer desde já que tenho um preconceito. Nunca uso "caçadores de talentos". Nunca contratamos ninguém por intermédio de uma agência de recolocação. Além disso, esse é um processo muito caro. Candidatos que usam "caçadores de talentos" para encontrar uma colocação estão procurando emprego por algum motivo. As pessoas que trabalham bem normalmente são bem pagas por isso. As pessoas que trabalham bem normalmente estão de tão atarefadas que não têm tempo de procurar outro emprego. As pessoas que trabalham bem estão suficientemente ocupadas e felizes com o que fazem no dia-a-dia para se preocuparem com uma mudança de emprego.

Isso não significa que não contrato pessoas que já trabalhem para outra empresa mas que estejam procurando emprego em algum setor de nossa organização. É apenas um dado que procuro ter sempre em mente. Prefiro descobrir esses altos executivos por outros meios.

Você, como empregador, precisa ter algo melhor a oferecer a bons profissionais que já estejam fazendo um excelente trabalho em outra empresa. Assim, em vez de me voltar para profissionais que estejam à caça de um novo emprego, tomo a iniciativa e saio em busca de empregados que já estejam fazendo um bom trabalho.

Empregados em potencial devem ter um bom histórico em seu emprego atual. Devem ter algum tipo de registro de longevidade. Nos círculos empregatícios atuais, a longevidade pode ser subjetiva. Observe os currículos. Se um empregado em potencial ocupou cargos anteriores pelo espaço de dois a cinco anos, esse é um bom histórico. Se o currículo dele mostra um aumento contínuo de responsabilidade e várias promoções, esse é um indicador positivo.

Observe que tipos de responsabilidade ele acumulou em seus cargos anteriores. Esse candidato parece ter potencial para ser promovido? Lembre-se, para formar uma equipe bem-sucedida, você precisa de um bom desempenho em todas as posições. É melhor contratar alguém que você acredita que possa crescer em sua organização ao longo do tempo. Não se esqueça: assim como você é capaz de atrair um empregado de outra empresa, esse empregado pode ficar tentado a sair da SUA empresa para trabalhar em outra.

Pesquise um pouco sobre quem você está contratando

No ambiente litigioso dos dias de hoje, tornou-se mais difícil conseguir informações sobre possíveis empregados. Você não pode perguntar a ele nada sobre sua vida pessoal. Não pode perguntar sobre seu estado civil ou seus hábitos pessoais. Entretanto, você pode contar com alguns meios à sua disposição.

Pode pedir exames de sangue. Isso se tornou uma prática comum por causa do uso de drogas em nossa sociedade e nos locais de trabalho. É importante que o empregado compreenda os motivos do pedido de exame de sangue ou de urina.

Você pode verificar seus antecedentes por meio de registros públicos. Pode verificar os registros policiais e fazer um levantamento do crédito pessoal do candidato ao emprego. Você também pode falar com seus antigos empregadores.

Conseguir referências de ex-patrões não é mais tão fácil como costumava ser. Mais uma vez nossa sociedade litigiosa impede que os empregadores dêem declarações negativas sobre antigos empregados. Algumas empresas optaram por não fornecer nenhum tipo de informação, nem boa nem ruim.

Ainda é possível, entretanto, conseguir algum tipo de informação da maioria dos empregadores. Falando de um modo geral, as pessoas não querem prejudicar ninguém, então vão se mostrar hesitantes se não puderem dar boas recomendações. É tão importante escutar o que você não ouve quanto aquilo que você realmente ouve.

Como você escuta o que não ouve? Observe as coisas que o patrão ou ex-patrão do candidato deixa de falar. Uma boa pergunta a ser feita a um antigo empregador é se ele contrataria novamente o ex-empregado se tivesse essa oportunidade. Preste muita atenção na maneira como ele vai responder. Se ele pronunciar um sonoro "sim", você pode deduzir que o relacionamento era muito positivo. Se ele disser: "Sim, mas em algum outro cargo ou com uma atribuição diferente", isso também lhe dá uma informação. Se ele responder "não" ou "eu prefiro não responder", você pode deduzir que o relacionamento não era bom.

Quando possível, eu também procuro contratar pessoas com princípios morais ou que gozem de boa reputação. Já que não posso perguntar diretamente ao candidato sobre sua vida pessoal, isso torna o processo difícil. Entretanto, você pode ter alguma idéia sobre o caráter de uma pessoa pelos meios legais que já mencionei anteriormente. Pode descobrir se ele é inadimplente. Pode descobrir, muitas vezes pelo seu currículo, em que atividades cívicas ele já esteve engajado.

Não há um modo infalível de certificar-se de que está contratando o empregado certo quando você sai da empresa para descobrir essas pessoas. Como eu disse antes, seus melhores profissionais provavelmente já estão trabalhando em sua empresa. Se houver um meio de promover o pessoal interno, essa é a melhor coisa a ser feita.

Ao contratar empregados, essas são as características que eu procuro:

- Pessoas de visão, cuja mente não seja limitada e que consigam planejar bem seu tempo.
- Pessoas produtivas, capazes de atingir um objetivo.
- Pessoas ambiciosas que estão prontas para "conquistar" suas recompensas em vez de ficar apenas esperando por elas.
- Comunicadores que respeitam a opinião alheia e que aceitam críticas construtivas. Pessoas que mudam seu ponto de vista quando estão diante de uma sugestão melhor.
- Pessoas que reconhecem as realizações dos outros e dão crédito a quem merece.
- Pessoas que entendem que falhar faz parte do processo de aprendizagem e que crescem profissionalmente aprendendo com os próprios erros.
- Indivíduos que calculam sua produtividade com dados reais e utilizam seu tempo de maneira eficiente.
- *Seres humanos que não têm medo de responsabilidade.*

Ouvir atentamente ajuda a formar a equipe

Quando você chamar outras pessoas para ajudá-lo, a tomar uma decisão, por exemplo, anote todos os comentários que forem feitos para não esquecê-los. Ainda mais importante do que isso, deixe que aqueles que se pronunciarem saibam que estão sendo levados a sério. Nessa situação, ninguém deve dominar a conversação. As informações devem partir de todos e, assim que estiverem reunidas, você terá um sem-número de idéias para serem trabalhadas. Além disso, os empregados que acreditarem que exercem realmente um papel ativo em sua empresa sentem-se valorizados e respeitados, o que é vital para sua organização.

Lembre-se de que você contrata profissionais para fazer um serviço. O melhor é deixá-los trabalhar em paz, sem muita interferência. Isso não significa que você não deva dar nenhuma orientação. Quer dizer apenas que você respeita a qualificação do empregado.

“Pessoas que dizem amém a tudo” não ajudam a equipe

Não queremos gente em nosso time que concorde com tudo o que o treinador diga. Precisamos de um pouco de discordância num ponto ou noutro, como uma espécie de controle e equilíbrio. Algumas das melhores idéias de nossa empresa poderão partir de dissidentes que não concordam com o modo consagrado de se fazer as coisas.

Se alguém da equipe discorda de você, deixe as linhas de comunicação abertas. Converse sobre o ponto de discordância; trabalhe nele até chegar a uma conclusão. Não haverá nenhuma animosidade se você conservar a discussão nos limites do negócio que está em pauta. As pessoas que vez por outra discordam de você estão prestando um serviço à equipe.

Não existe nada semelhante a navegar em águas tranqüilas o tempo todo. Se *duas* pessoas *concordarem o tempo todo sobre tudo, uma delas é desnecessária.* É preciso enfrentar alguma turbulência de vez em quando. A visão de longo prazo é conservar o navio no curso, superando todas as intempéries. É assim que melhoramos e crescemos.

Incentive o orgulho da equipe

Para que alguém desempenhe bem sua função, é preciso que sinta orgulho de si mesmo. Como treinador, você precisa incentivar o sentimento de orgulho na sua equipe.

Na época em que eu era jovem e trabalhava numa mercearia, aprendi como o meu orgulho me fazia trabalhar mais e melhor. Certo dia, eu estava repondo o estoque nas prateleiras, provavelmente pensando em outras coisas e talvez trabalhando com menos eficiência do que eu era capaz, quando meu chefe, que estava preparando seu anúncio para o jornal semanal, chamou-me.

— Ei, Gene, com o que você acha que eu deveria preencher o último espaço que sobrou no anúncio?

Eu percorri com os olhos o corredor de alto a baixo, considerando seriamente cada item. Escolhi um, peguei-o e disse:

— Que tal este aqui?

— Ótima idéia! — ele disse, incluindo o produto no anúncio. Não fazia muita diferença para ele o que aparecia na propaganda, mas certamente fazia uma grande diferença para mim. Eu me senti muito orgulhoso de mim mesmo e durante o resto do dia trabalhei em dobro, pensando em algum dia dirigir minha própria mercearia.

Por que não tentar fazer com que as pessoas sintam que têm valor? Não só é uma boa coisa a ser feita por razões pessoais, como traz vantagens no mundo dos negócios. Pessoas alegres e orgulhosas de si mesmas trabalham melhor. O que custa fazer um elogio?

Eu costumava dizer aos meus filhos que o desafio que eles tinham de enfrentar era ser bom e amável com todas as pessoas que encontrassem. Se você for bom e amável com todos, você não precisará escolher seus amigos a dedo. Você será querido e respeitado por um número maior de pessoas e aqueles que tiverem menos amigos vão pensar que você é maravilhoso. Quanto mais demonstro consideração pelas pessoas e dou atenção àquelas que não têm muitos amigos ou não são muito aceitas, mais sou recompensado. Pense um pouco, dar passagem para outra pessoa para ser gentil ou ser amável com quem não é notado ou que não é simpático são atitudes que não lhe custam nada. Despertam, sim, um sentimento de lealdade que pode recompensá-lo quando você menos esperar. Você será apreciado e lembrado por sua bondade, porque a maioria das pessoas, quando não é hostil, tende a ignorar as outras. Não dá para você saber quando uma pessoa poderá estar em posição de fazer algo para ajudá-lo. Lembro-me da parábola que Jesus contou a seus discípulos. Parafraseando suas palavras: "Toda vez que você der comida a quem tem fome ou água a quem tem sede, você faz essas coisas para Mim". É bom ter qualidades como bondade e compaixão, mesmo em um mundo de negócios às vezes impiedoso. Isso ajuda você a manter tudo em perspectiva. Mostre reconhecimento pelas idéias, contribuições e realizações dos membros da sua equipe. Eles vão recompensá-lo com lealdade e muito empenho.

Incentive o senso de propriedade

O senso de propriedade pode surgir de muitas maneiras. Pode estar relacionado a uma propriedade particular, quando se tem ações da empresa, por exemplo, ou mesmo a um sentimento íntimo de que você é parte integrante da companhia. Se você se sentir proprietário, terá mais interesse no sucesso da empresa. Seu trabalho não será apenas um emprego, mas uma parte importante da companhia.

Nós incentivamos nossos gerentes de loja a se sentirem como se estivessem dirigindo suas próprias empresas. Em algumas de nossas companhias, estabelecemos uma participação nos lucros, separando uma porcentagem dos lucros para ser distribuída entre todos os empregados. Em nossas empresas de capital aberto, oferecemos ações para os empregados que atingem um nível de gerenciamento unitário ou acima dele. Quando deixamos que os empregados se sintam donos da empresa, despertando neles a vontade de ver a receita aumentar, a longo prazo ganhamos mais.

O envolvimento com a comunidade aumenta a auto-estima da equipe

Incentive sua equipe a colaborar com a comunidade. O sentimento de orgulho que as pessoas sentirão por si mesmas por servir à comunidade será transposto para o local de trabalho. Quando participamos de projetos comunitários e sociais, não só desenvolvemos o sentimento de fazer parte de alguma coisa, mas também aprendemos mais sobre a relação entre a comunidade, o nosso negócio, as nossas próprias atribuições nesse negócio e nossos salários. Começamos a perceber o papel vital que cada um de nós desempenha no progresso da comunidade e como o progresso da comunidade afeta nosso progresso individual.

Seja membro da Associação Comercial. Seja um membro voluntário do conselho de uma instituição de caridade. Filie-se a um clube cívico cujos interesses se afinem com os seus. Concorra a um cargo público, como membro do conselho de uma escola ou do conselho da cidade, ou talvez até mesmo a um cargo mais elevado.

Há uma senhora na comunidade onde moro que foi homenageada recentemente por seu serviço comunitário. Ela é mulher de um professor universitário muito conhecido e trabalhou durante muitos anos com a United Way e a Cruz Vermelha. Quando estava sendo homenageada, ela muito humildemente declarou: "O voluntariado é o aluguel que eu pago por meu tempo aqui na terra". Essa mulher maravilhosa, a sra. Jackie Wright, e seu falecido marido, o dr. Ralph Wright, são exemplos ilustres de pessoas que se doam aos outros.

Precisamos de pessoas em nossos negócios que tenham mais objetivos na vida do que apenas executar suas tarefas. Precisamos de pessoas que reconheçam a santidade da família e do trabalho. É esse tipo de gente que é capaz de ter uma visão mais abrangente e enxergar um quadro maior do que aquele que se apresenta diante de seus olhos. Essas pessoas são os líderes e os visionários e devemos nos orgulhar de tê-los trabalhando em nossa equipe.

Zele pelo conforto e pela segurança dos seus empregados

Uma outra preocupação com relação aos empregados é a segurança e o conforto no ambiente trabalho. As empresas deveriam contar com uma saleta para os intervalos, um posto de atendimento para primeiros-socorros e um bom sistema de refrigeração e aquecimento, que torne o ambiente de trabalho mais confortável. Os chefes deveriam incentivar os trabalhadores a suspender suas atividades a intervalos regulares. Os que dirigem as empresas deveriam prestar atenção às necessidades dos funcionários no local de trabalho.

Se você contar com um departamento altamente informatizado, deve proporcionar uma iluminação que não agrida os olhos. Os empregados que têm de fazer movimentos físicos repetitivos, como digitar, grampear ou outro tipo de trabalho manual, devem ser instalados da maneira mais confortável possível para evitar lesões nas articulações das mãos.

Empregadores e diretores deveriam seguir as orientações das organizações especializadas e tomar precauções para zelar pelo bem-estar dos empregados. Os empregados deveriam receber um bom treinamento em segurança no local de trabalho, principalmente para saber como evitar acidentes.

Se os empregados estiverem se sentindo em segurança e com conforto, eles serão mais eficientes e produtivos durante o horário de trabalho. Saberão que seu empregador preocupa-se com a segurança e bem-estar deles, o que os motivará a fazer um bom trabalho.

Transforme o trabalho em diversão

Quando estava na escola, eu não gostava de ter de trabalhar numa mercearia. Eu costumava trabalhar com meu irmão, abastecendo as prateleiras e entregando mercadorias. Às vezes surgiam aqueles sujeitos enormes querendo fazer a compra semanal e eu tinha de levá-las até o carro em caixas grandes. Eu pensava comigo mesmo: "Tudo bem, eu não preciso mesmo de ajuda".

Apesar de não apreciar esse tipo de trabalho, nós o tornávamos tolerável fazendo que ficasse mais divertido. Fazíamos isso como uma espécie de jogo. Segundo Mary Poppins: "Em todo o trabalho que precisa ser feito, há algum componente divertido". Ficávamos gritando um para o outro por toda a mercearia. Meu irmão normalmente me chamava de Tex e eu o chamava de Lasso. Dávamos apelidos um ao outro para tornar a situação engraçada. Nós chamávamos um ao outro e gritávamos em resposta; logo os outros empregados entravam na brincadeira. O gerente, um homem muito correto chamado Ted Edens, apenas ficava ali, espiando por baixo de suas espessas sobrancelhas. Ele não falava muita coisa, mas acho que percebia o que estava acontecendo; com o nível de entusiasmo aumentando, os funcionários ficavam mais interessados e passavam a trabalhar mais. Nós trabalhávamos das oito da manhã até a hora de fechar, às nove da noite. Era uma jornada de treze horas diárias. E DEPOIS, tínhamos de limpar a mercearia de cima a baixo. Se não tivéssemos tornado o trabalho divertido, não seríamos tão gentis com os clientes. Howard, Bill e eu, todos irmãos, éramos diferentes como o dia e a noite, mas nos amávamos.

Você precisa tornar o trabalho tão divertido quanto possível. Isso não significa divertimento e jogos, apenas diversão. Todas as sextas-feiras, temos em nossos escritórios o dia da informalidade. Às vezes cada um de nós traz um prato e almoçamos juntos ou pedimos comida pronta. O fato de esperar pela chegada da próxima sexta torna os dias um pouco mais fáceis e descontraídos. Neste verão, estamos experimentando a informalidade todos os dias, já que as sextas funcionaram tão bem. O único problema até agora é definir o que é "informalidade".

Uma atmosfera amigável torna o trabalho divertido. Conversar com os empregados, saber de suas famílias, falar com eles sobre suas férias; todas essas coisas deixam a atmosfera de trabalho mais leve. Entretanto, a cordialidade precisa ser sincera. A falsa cordialidade será percebida rapidamente e levará a equipe na direção contrária com a mesma rapidez.

Os heróis não têm sempre a mesma aparência e personalidade. O mesmo acontece no mundo dos negócios. Os heróis muitas vezes são surpreendentes. Encontre tempo para conhecer todos com quem trabalha. Você pode descobrir coisas inesperadas com relação às pessoas que julgava conhecer. É muito fácil fazer com que os empregados fiquem mais ambiciosos e trabalhem mais. Se você conseguir ganhar sua lealdade e motivá-los, você é um líder.

Administre pelo exemplo

Uma pessoa sábia disse certa vez: "Se o homem que estiver no comando não for bom, todas as pessoas que estiverem abaixo dele também não o serão". Nosso comportamento é modelado por nossos superiores porque tentamos aprender deles. É importante compreender isso, não interessa de que lado você esteja. Como subordinados precisamos estar atentos a quem escolhemos imitar. Escolha bons modelos. Como superiores, precisamos prestar atenção aos nossos atos porque os nossos subordinados farão o que fazemos. Eles não copiam apenas nossos bons hábitos, os maus também.

Se encontrarmos em nosso negócio um administrador com padrões de comportamento inaceitáveis, sabemos que esse comportamento será multiplicado pelo número de pessoas que estão sob sua direção. Se um chefe tem, por exemplo, uma postura muito informal com relação ao trabalho, quem sabe carregando seus relatórios para fora do escritório e levando-os para a frente da loja e lá se acomodando, muito à vontade, com uma xícara de café e um cigarro na mão, então saberemos que a pessoa que ocupa o cargo imediatamente inferior ao dele vai criar a mesma atmosfera excessivamente informal. Se você costuma constranger seus clientes ou ser antipático com eles, seus subordinados vão achar que não haverá problema nenhum se eles agirem do mesmo modo quando você não estiver presente. Da maneira como você agir, assim o farão seus subordinados. Se o diretor acha que não há nada errado em beber e fumar, então, quando o seu assistente ou o seu substituto estiverem lá, desempenhando suas funções, poderão fazer a mesma coisa. Esses são privilégios da direção, não são?

A crítica deve sempre ser construtiva

É pena que a maioria das pessoas não suporte críticas, porque é por meio delas que aprendemos e crescemos. Sempre diga algo positivo em primeiro lugar. Se você for repreender alguém, chame-o de lado e antes de tudo faça um comentário favorável. Deixe que a pessoa saiba que está fazendo algumas coisas boas. Então explique por que está chamando a atenção dela. Se você transmitir aos empregados o sentimento de que tudo o que faz é criticá-los, então vai causar um impacto negativo. Negatividade atrai a negatividade.

Conheci um empresário que só falava com os empregados quando tinha uma reclamação a fazer com relação ao trabalho deles. Eles nunca ouviam um comentário positivo. Entretanto, se o empresário tivesse algo do que reclamar ou alguma coisa para criticar, ele caía em cima de todo mundo. Sua expressão favorita era (para ser mais gentil que ele): "Batatas quentes pulam de mão em mão". O que ele queria dizer com isso era que, se alguém reclamasse com ele, ele iria passar adiante a crítica, tirando sua responsabilidade e transferindo-a para outra pessoa.

O fato é que ele estava certo. Realmente, "batatas quentes pulam de mão em mão". Se o sujeito que estiver numa posição hierarquicamente superior não estiver fazendo um bom trabalho, seus empregados quase certamente agirão do mesmo modo. A competição é lugar-comum no local de trabalho. Se uma pessoa com maus hábitos e péssimo comportamento pode ser promovida ou alcançar uma posição elevada, seus subordinados podem pensar que, mesmo agindo da mesma forma, poderão ser promovidos também.

Permita que os empregados cometam erros

Não vou permitir que meus filhos se machuquem se eu puder evitar qualquer tipo de dor. Vou tentar ensinar-lhes o que puder e encorajá-los a considerar todas as alternativas, mas eu não posso tomar decisões por eles. Não quero que eles façam alguma coisa só porque eu lhes disse para fazer. Gostaria de aconselhá-los (mas eles nunca ouvem conselhos). Passei por momentos de sofrimento e gostaria de narrar algumas das minhas decisões equivocadas para meus entes queridos a fim de que eles pudessem aprender com elas. Posso contar aos meus filhos sobre essas decisões erradas e dizer-lhes no que devem prestar atenção, mas até que eles cometam seus próprios erros não creio que consigam realmente acreditar nisso.

O mesmo ocorre com seus empregados. Eles precisam ficar diante do gol. Todos nós chutamos a bola para fora algumas vezes; mas se não tivermos a bola nos pés e a chutarmos, nunca saberemos. Eu incentivo os executivos e supervisores da organização a tomarem suas próprias decisões. Você precisa rever os pontos que o preocupam com relação ao seu empregado antes que ele tome uma decisão, mas, ao fim e ao cabo, você precisa deixar que ele cometa seus próprios erros e conquiste suas próprias vitórias.

Você pode aconselhar seus empregados, mas, no final, precisa deixar que eles ajam do jeito deles. Há ocasiões em que você sabe que eles cometerão um erro. Entretanto, os empregados com coragem de tomar uma decisão que, em sua maneira de ver, vai servir aos melhores interesses da empresa — estejam certos ou errados — devem merecer seu apoio. Se cometerem um erro, você pode apenas torcer para que tenham aprendido com ele.

Bom senso é a capacidade de pesar prós e contras e tomar as decisões certas. Praticidade é quando você consegue admitir que estava errado.

Apóie a equipe

Uma empresa afinada, bem dirigida, raramente vai ter problemas em sua trajetória para o sucesso. Se foram investidos tempo e esforço para formar a equipe certa e para manter as pessoas em seus postos, então tudo fluirá suavemente. Ocasionalmente, algumas circunstâncias fora do nosso controle, e às vezes até controláveis, provocam um desvio no curso. Afinal, pessoas são pessoas e todos nós cometemos erros. Todos nós temos imperfeições.

É importante apoiar o espírito de equipe. Os membros de uma equipe devem apoiar e encorajar uns aos outros. Se eles não conseguirem isso, então alguma coisa precisa ser feita para proteger a integridade do todo. Não só os supervisores e executivos devem dividir os créditos, os funcionários também precisam fazer isso entre eles.

Se, na condição de proprietário, executivo ou supervisor de uma empresa, você consegue formar uma equipe de trabalho equilibrada e ética e dá assistência e apoio às pessoas sob sua supervisão, a equipe vai seguir em frente e perseverar, mesmo em momentos de crise.

Um contratempo ou uma crise ocasional serão encarados com tranqüilidade e o navio seguirá seu curso. O desenvolvimento desse tipo de trabalho de equipe exige muito tempo, esforço, sangue, suor e lágrimas — em outras palavras, o comprometimento total por parte do proprietário, executivo ou supervisor. Se seus subordinados tiverem uma oportunidade de conhecê-lo melhor e de confiar em você, eles trabalharão com mais empenho sob seu comando.

Não saia de cena

É importante deixar claro que, à medida que você constrói sua empresa e organização e desenvolve sua estrutura corporativa, você, como empresário e proprietário, precisa estar sempre presente. Depois que começar a compor os níveis de administração, você precisa zelar pelo seu próprio lugar no comando das operações.

Se estamos na luta (e creio que o mundo dos negócios é como um campo de batalha), então, para vencer, precisamos fazer sacrifícios pessoais. É nesse campo de batalha, onde tudo acontece, que você fica ombro a ombro com suas tropas. Vocês precisam ser uma unidade coesa e sincronizada para funcionar perfeitamente. Uns precisam confiar nos outros para dar seu apoio e proteger as áreas sob sua responsabilidade. Sem o apoio de todos, você corre o risco de ter um exército enfraquecido. Essa vulnerabilidade pode ter uma importância secundária ou ser perigosa ou devastadora. Você pode conduzir as pessoas à luta ou pode não estar apto para comandá-las na batalha. As batalhas são vencidas por pessoas ultra-empreendedoras. O talento natural conquista muitas vitórias, mas os maiores campeões são ultra-empreendedores. Mentes agressivas e ultra-empreendedoras são típicas de boas EQUIPES.

Sua equipe necessita de fortalecimento contínuo, treinamento e apoio. O seu papel é vital. Você precisa dar um sentido de importância às operações do dia-a-dia. Não superestime sua importância, mas também não a subestime! Quem gera o sucesso é gente dedicada ao seu papel e não a estrutura organizacional.

Quanto mais próximo você estiver de seus clientes, mais oportunidades terá de responder rapidamente às suas demandas. Se estiver em contato com aquilo que chamo de linha de fogo (onde sua empresa ou o seu pessoal encontra o cliente), você saberá como estabelecer a política correta. Vai estar preparado para comandar o movimento certo e manter contato com o mercado. Se estiver muito afastado da linha de fogo, você pode perder muitos clientes antes de descobrir o motivo.

Não fique em seu escritório, administrando com base em gráficos e tabelas. Mantenha contato permanente com o seu pessoal e com os clientes! Seja persistente no acompanhamento e coerente na finalização. Conte apenas com informações de primeira mão.

Dar passos pequenos e bem planejados em sua abordagem administrativa e manter contato com o seu pessoal e com os clientes são atitudes que vão lhe trazer muito mais resultados do que simplesmente seguir a mais recente teoria de administração.

Não saia de cena.

A lealdade funciona nos dois sentidos

Onde está sua lealdade? Você demonstra comprometimento e lealdade com relação às pessoas que pagam o seu salário? (Patrões, clientes, contribuintes.) Lembre-se, se você não é capaz de ser leal com quem paga o seu salário, onde você está com a cabeça? Não importa sua opinião, essa fidelidade é merecida. (Aqueles que são desleais e críticos com relação a seus empregadores tendem a ter um índice de mortalidade mais elevado.)

Assim como é importante ser leal com o empregador, é preciso levar em consideração a necessidade de ser leal com os empregados. É preciso encontrar sempre um meio de elogiar e reconhecer o maior número de pessoas possível. Não custa nada exagerar um pouco quando for elogiá-las. Esse cumprimento, que deve ser sincero, vai lhe trazer resultados como mais iniciativa, mais esforço, mais vontade, mais produtividade e mais qualidade no trabalho.

O elogio e a valorização ajudam as pessoas a ter autoconfiança. Elas gostam de saber que são valorizadas e que seus superiores as reconhecem porque estão fazendo bem alguma coisa. A auto-estima vai se elevar e o orgulho pessoal e a segurança quanto à própria capacidade vão levá-las à excelência. Ouvir o próprio nome sendo pronunciado ou vê-lo escrito em algum lugar é algo que proporciona "bem-estar e orgulho". O reconhecimento pelo seu trabalho vai elevar o moral dessas pessoas e fazê-las superar as suas expectativas.

O reconhecimento é a forma mais pura de satisfação pessoal e orgulho. Ele transmite um sentido de importância e confere uma posição de destaque que dá à pessoa o "momento de glória" que todos nós precisamos na vida.

Muitos criminosos ou pessoas que infringem a lei ou as regras ou que se comportam mal em geral estão apenas em busca de alguma espécie de reconhecimento. Estão agindo de forma errada, mas esse é o único meio que conhecem para serem notados ou para dar vazão às suas frustrações ou ao desgosto de não passarem de um "joão-ninguém".

4

Viver com a Realidade das Mudanças

As pessoas reagem às mudanças de muitas maneiras. É normal que fiquem um pouco preocupadas com os efeitos das mudanças e com o que elas significam para si próprias e para a sua vida. Afinal, a maioria prefere trabalhar num território em que se sinta à vontade. As pessoas passam por muitas emoções diferentes quando são forçadas a aceitar mudanças.

Todos nós temos de enfrentar mudanças. A morte de um ente querido. A reorganização da empresa para a qual trabalhamos. A admissão de um novo supervisor. As mudanças fazem parte da vida, mas ainda é muito difícil para nós aceitarmos as mudanças em nossa vida. Toda vez que uma ocorre, experimentamos as mais variadas emoções... algumas positivas, outras negativas. Mudar de endereço, de escola, de local de trabalho pode ter um efeito devastador sobre as crianças, os adultos ou as famílias.

Como supervisor ou líder gerador de mudanças para os empregados, é importante que você entenda como eles encaram essas mudanças e como elas os atingem. É imperativo que o líder conduza os empregados nas épocas mais difíceis e os faça ficar preparados e dispostos para assumir as novas tarefas e responsabilidades que serão exigidas deles. Para isso o líder deve ser positivo e tolerante, estar voltado para a equipe e ter consciência das aptidões das pessoas.

As sete suposições relacionadas às mudanças

A Blanchard Training and Development, Inc., uma empresa que fornece treinamento em administração, identificou as várias etapas de mudança e as emoções pelas quais os empregados passam, numa relação chamada de as sete "suposições" relacionadas às mudanças.

1. FICO IMAGINANDO se algum dia vou me acostumar com o novo jeito de trabalhar.
   Será que eles sabem o que estão fazendo?
   Eles estão preparados para tomar essa decisão?
   Conseguirei me sentir à vontade com isso?
2. FICO IMAGINANDO se serei capaz de continuar sem________.
   Eu me acostumei com tal pessoa ou máquina ou então fiquei dependente delas.
3. FICO IMAGINANDO por que sou eu a única pessoa nessa situação.
   Nós nos sentimos isolados e nos entregamos à autocomiseração.
4. FICO IMAGINANDO quando eles vão parar de mudar as regras para mim.
5. FICO IMAGINANDO se algum dia serei capaz de entender essas mudanças.
6. FICO IMAGINANDO onde, finalmente, conseguirei encontrar aquilo de que preciso.
7. FICO IMAGINANDO do que se trata, afinal, essa mudança.
   Ficamos com medo de perguntar quando não entendemos o que eles estão tentando nos dizer ou não sabemos o que eles esperam de nós.

Se nos acostumamos a fazer alguma coisa é porque passamos por um caminho de aprendizado e nos sentimos à vontade com nosso conhecimento e capacidade para executar "o trabalho", "o procedimento", "a tarefa". É muito natural que a quebra de nossa rotina nos traga algum desconforto.

Quando precisamos aprender tudo novamente ou aprender alguma coisa diferente, somos obrigados a despender um esforço extra ou surgirão dúvidas e medo. Quando somos bons ou eficientes naquilo que fazemos e em que somos especializados e capacitados, não gostamos de abrir mão do nosso método. Mudanças e melhorias exigem flexibilidade. Se fizer tudo sempre do mesmo jeito, você acabará ficando na retaguarda dos acontecimentos.

Será que vou me acostumar com o novo jeito de trabalhar?

Essa é uma pergunta feita na maioria das vezes por empregados que estão esperando a chegada de um novo chefe. É uma questão suscitada por muitos empregados cujas empresas estão passando por uma reorganização. As mudanças fazem as pessoas se sentirem intranqüilas e constrangidas. Elas se sentem como se estivessem vulneráveis. Colocam-se numa posição de cautela, talvez mesmo um pouco paranóica.

Como você é o fator causador da mudança ou da reorganização da empresa, é importante que compreenda esses sentimentos. Se estiver assumindo como o novo diretor, seus subordinados vão ter muitas perguntas sobre como você costuma trabalhar.

Seja honesto e direto com seus empregados. Conte-lhes sobre a mudança que vai ocorrer, mas diga que espera que eles lhe tragam sugestões e idéias. Tente apresentar suas expectativas de modo a acalmá-los. Deixe claro para eles que você também está passando por uma mudança, já que tem toda uma nova equipe para dirigir. Deixe-os saber que vocês todos estão juntos nisso e que juntos irão trabalhar para que o "novo jeito" de trabalhar funcione para todos.

As pessoas vão pensar naquilo de que serão obrigadas a desistir

Quando ocorre uma mudança, as pessoas costumam lamentar por algum tempo. Afinal, se estavam acostumadas a ter certas coisas e a trabalhar de certo modo, é difícil desistir disso. Até certo ponto, elas se tornam dependentes da rotina. O fato de o trabalho obedecer a uma certa sistematização cria o sentimento de segurança de saber que um procedimento aceitável está funcionando. Isso vale especialmente para as pessoas inseguras que não têm capacidade criativa. Mesmo as pessoas seguras e criativas vão temer os resultados de alguma coisa diferente. Se a rotina for mudada ou descartada, elas de fato vão lamentar essa perda.

Como o novo líder, você precisa tomar conhecimento dessas perdas e deixar que os empregados as lamentem. Ofereça-lhes seu apoio e sua compreensão. Pode ser que você tenha de explicar-lhes muitas e muitas vezes por que a mudança é necessária. No momento certo, faça com que os empregados concentrem-se nos aspectos positivos da mudança. Depois de algum tempo, o novo jeito de trabalhar passará a ser o jeito antigo.

As pessoas vão se sentir sozinhas

É natural que os empregados se sintam isolados e sozinhos, como se a mudança afetasse a eles e somente a eles. Você, como líder, precisa criar atividades que propiciem o envolvimento da equipe. Estabeleça uma estrutura de apoio para que os empregados ajudem uns aos outros a passar pelas mudanças que estão enfrentando.

Realize freqüentemente reuniões com o pessoal e peça idéias à equipe sobre a melhor maneira de enfrentar as mudanças que estão para acontecer. Explique-lhes que vai ser preciso o esforço de todos para que elas possam ocorrer.

As pessoas só conseguem lidar com uma certa quantidade de mudanças

Às vezes, quando uma empresa é reorganizada ou um novo chefe ou diretor assume, uma grande quantidade de mudanças é despejada sobre os empregados. A nova direção pode tentar inovações que podem não funcionar e, então, os equipamentos são trocados e as regras são mudadas novamente. Isso se torna muito frustrante para os empregados que estão tentando enfrentar a nova situação e adaptar-se.

Uma boa estratégia de administração é estabelecer prioridades para as mudanças e pensar em longo prazo. Nem todas as mudanças acontecerão automaticamente, muito menos da noite para o dia. É desmoralizante para a equipe sofrer um dilúvio constante de mudanças.

Planeje uma estratégia, estabeleça os pontos de prioridade e trabalhe cada um deles sistematicamente. Facilite as transformações nos departamentos. Analise cuidadosamente como as mudanças afetarão o negócio. Não tente apenas adotar a mais recente estratégia de administração. Tenha um projeto, trabalhe nele meticulosamente e conserve seu olhar na perspectiva de longo prazo.

Cada pessoa tem um nível diferente de preparo para encarar as mudanças

O mundo dos negócios emprega diferentes tipos de pessoas em todos os níveis. Alguns empregados assumem riscos e desejam fazer mudanças; alguns se sentem mais à vontade sendo subordinados e são mais inseguros. Saiba disso desde o princípio e não seja tão exigente com aqueles que possam estar menos preparados para a mudança.

Conheça as pessoas que estão trabalhando com você. Reserve algum tempo para conversar com elas individualmente, para ter uma idéia de como elas se sentem com relação ao trabalho que executam. Deixe que aqueles que parecem mais ávidos pela mudança sejam os primeiros a tomar conhecimento dela. Facilite tanto quanto possível a adaptação dos demais. Isso vai exigir mais esforço, mas explore caminhos pelos quais possa levar os empregados menos seguros a aceitar a idéia da mudança em estágios. Crie oportunidades para esses empregados quando surgir a oportunidade. Seja sincero ao afirmar que você valoriza seus esforços.

As pessoas vão estar preocupadas com a possibilidade de não terem os recursos necessários

(tempo, dinheiro, aptidões, etc.)

Alguns empregados podem se sentir inseguros com relação às novas responsabilidades e tarefas que lhes estão sendo atribuídas. Nessa época de retração comercial e industrial, exige-se que um número menor de pessoas assuma mais e mais responsabilidades.

O trabalho de equipe e a solução criativa de problemas realmente caminham juntos nessa questão. Se todos os empregados souberem que fazem parte de uma equipe, você como treinador e líder precisa fazê-los entender que eles têm o apoio uns dos outros. A busca de soluções criativas em equipe pode ajudar a resolver alguns dos problemas. Deixe que os empregados saibam que você espera que eles trabalhem uns com os outros e em conjunto para que as coisas aconteçam. Quando algum empregado se sentir menos seguro com relação à própria capacidade, os outros precisam usar suas aptidões para ajudá-lo e ensiná-lo.

É importante observar que o fato de um membro da equipe sentir-se inseguro quanto à sua habilidade não é desculpa para deixá-lo inativo e dispensá-lo de executar sua parte do trabalho. Se a equipe tiver um ou dois membros ociosos, enquanto os outros estiverem cumprindo sua parte, isso pode baixar o moral do grupo.

Um bom treinador não vai tolerar nenhum folgado e vai tomar providências imediatas para pôr um fim nesse tipo de comportamento quando perceber que ele está ocorrendo. Se ele não fizer isso, a equipe pode começar a perder a coesão e a motivação e o líder corre o risco de perder a credibilidade.

Se você deixar de fazer pressão, as pessoas voltarão a agir como antigamente

O líder precisa ficar concentrado na mudança e continuar a *orientar a caminhada* em direção a ela. Tenha uma postura positiva e compreensiva com relação aos temores e preocupações dos empregados, mas também seja firme no estabelecimento da mudança que precisa acontecer.

As aptidões exigidas das pessoas e da liderança

Nada é mais desafiador para o proprietário de um negócio ou para um diretor do que conduzir um grupo de pessoas num processo de mudança. É mais complicado do que começar uma equipe da estaca zero. É necessário um líder que possua uma mistura excepcional de capacidade administrativa e habilidade para lidar com as pessoas. Não há muito espaço para o aprendizado numa situação desse tipo. Qualquer passo em falso pode fazer um líder voltar atrás várias etapas.

Nunca se esqueça de que tanto o incentivo quanto o apoio são necessários para ajudar os empregados e o líder durante o processo de mudança.

Vai ser muito útil se você tiver em mente algumas regras.

1. Diga aos empregados o que você espera deles. Diga-lhes o que fazer, como, onde e quando fazê-lo.
2. Estabeleça metas e deixe-as bem claras. Mostre-lhes que tipo de resultado você espera.
3. Dê-lhes oportunidade de fazer o trabalho.
4. Esteja presente para apoiar, corrigir e dar as informações de que eles necessitam.
5. Elogie os progressos que forem feitos. Não espere pela perfeição. Lembre-se, as mudanças levam tempo. Perceba os pequenos avanços e elogie tudo o que puder.

6. Redirecione. Se você não estiver vendo o progresso que espera, redirecione suas atividades imediatamente. Garanta-lhes a retaguarda. Não espere que os problemas se resolvam sozinhos. Tome a iniciativa de redirecionar os empregados para onde você deseja.

5

Tolerância — Uma Necessidade

Se você interage com um grande número de pessoas em suas atividades diárias, vai achar cada vez mais necessário expandir seu limite de tolerância. Aparentemente, as expectativas são sempre maiores do que os resultados, especialmente se você estiver estabelecendo padrões. Se você tiver um patamar ou uma medida-padrão, é melhor trabalhar sua tolerância.

Nas minhas primeiras experiências de trabalho, quando eu ainda era jovem e freqüentava a escola, esperava-se que o empregado estivesse no seu posto de trabalho, com suas ferramentas a postos e pronto para produzir, assim que o relógio indicasse o início do turno de trabalho. Ninguém parava, circulava ou batia papo nas horas em que estava sendo pago para trabalhar. Quando havia um intervalo, e raramente havia um, o tempo era destinado a isso e a nada mais. O horário do almoço e o da saída eram exatos e não "aproximados". Os dias que antecediam os feriados e os que vinham depois eram dias normais de trabalho. Você trabalhava por oito horas e ganhava por oito horas. Nada mais, nada menos.

Quando eu trabalhava em construção, na juventude, se houvesse escavações, a primeira pá de terra era tirada no primeiro minuto do expediente de trabalho. Se o trabalho fosse de marcenaria, tínhamos a madeira no lugar, os pregos no saco próprio, o martelo à mão e a primeira martelada no momento em que se iniciava o expediente.

Atualmente, as pessoas chegam no início do expediente, conversam e fazem suas fofocas, tomam um cafezinho e só depois de uns vinte minutos começam a preparar o material para o trabalho do dia, iniciando o trabalho propriamente dito uma meia hora depois da hora marcada. No dia que antecede um feriado, todos querem ir embora mais cedo ou emendar, quando o feriado fica próximo de um fim de semana.

O local de trabalho tornou-se um ponto de socialização. O ambiente socializante do local de trabalho hoje é o alívio do desgaste sofrido em casa, nas famílias em que o casal trabalha fora. Podemos tolerar isso enquanto os índices de produtividade corresponderem ao esperado e nos permitirem operar em nossa esfera financeira.

A tolerância faz o local de trabalho funcionar, garante a sobrevivência das famílias e dos casamentos, cria condições para que as crianças sejam criadas apropriadamente e atinjam a maturidade. Entretanto, precisamos não ser tão tolerantes a ponto de baixar demais nossos padrões.

Nós nos tornamos naturalmente mais tolerantes à medida que envelhecemos. Somos mais rígidos com o nosso primeiro filho do que com o segundo ou o terceiro. Ficamos mais tolerantes também quando somos "derrotados". Cedemos porque nos sentimos cansados de lutar. É mais fácil ceder à pressão do que defender nossa posição. Racionalizamos, procrastinamos, preocupamo-nos com a possibilidade de não estarmos totalmente certos e geralmente queremos evitar conflitos tanto quanto possível. Aonde isso nos leva? Exatamente no ponto em que o local de trabalho se encontra hoje! Um local de trabalho mais descontraído e menos produtivo. É claro que as inovações e o avanço tecnológico substituíram os trabalhadores pela automação e o efetivo humano foi trocado pelo potencial das máquinas, sejam robôs ou linhas de produção mecânicas. Pesquisas sobre administração do tempo mostraram meios de melhorar a eficiência e a produtividade. Nesse processo, a tolerância no ambiente de trabalho passou a fazer parte do nosso modo de conduzir os negócios. Mesmo que seja muito difícil, quando se tem idade suficiente para ter passado uma vida inteira seguindo os padrões antigos, temos de aceitar as mudanças. A produtividade mudou, os benefícios e os salários mudaram e os níveis de tolerância também.

Os governos foram dificultando cada vez mais a possibilidade de alguém se manter no mundo dos negócios. Isso custa cada vez mais e é muitas vezes menos lucrativo. Atravessamos momentos difíceis, damos cabeçadas contra a barreira burocrática e esperamos pelo próximo obstáculo para cairmos. Então, depois da batalha com impostos e outras taxas, pagamos o imposto sobre ganhos de capital quando vendemos nosso negócio ou parte dele, e aí, se ainda tiver sobrado alguma coisa, ao morrermos eles nos cobram impostos sobre o inventário.

Apesar disso tudo, acho que os Estados Unidos continuam a ser o maior país do mundo, mas, com relação aos impostos, a situação está um pouco fora de controle.

Parte V

Uma Empresa que Seja Sua

1

Do que É Feito um Empreendedor

O Credo do Empreendedor

Não escolhi ser um homem comum,
Tenho o direito de ser incomum — se eu for capaz disso.
Enxergo a oportunidade — não a segurança.
Não desejo ser um cidadão dependente, humilhado e idiotizado por um Estado que cuida de mim.

Quero assumir o risco calculado;
sonhar e construir,

fracassar e ser bem-sucedido.
Recuso-me a trocar um incentivo por uma esmola.
Prefiro os desafios da vida
à existência garantida;

A emoção da realização à calmaria insulsa da Utopia.
Não vou trocar liberdade por beneficência
nem minha dignidade por caridade.
Nunca me ajoelharei diante de nenhum mestre
nem me curvarei diante de nenhuma ameaça.
É meu legado permanecer ereto,
orgulhoso e destemido;
conceder meu tempo e meu dinheiro,
ambos necessários para que eu me qualifique.
Se eu investir só tempo,
serei um empregado.
Se investir só dinheiro,
serei um investidor.
Preciso pensar e agir por mim mesmo,
para gozar os benefícios das minhas criações
e para encarar o mundo corajosamente e dizer:
Isso, com a ajuda de Deus, eu fiz.
Tudo isso é o que significa ser um Empreendedor.

Esse poema foi escrito em sua maior parte por outra pessoa, não tenho a menor idéia de quem tenha sido, mas gostei dele! Um empreendedor é uma pessoa especial. Qualquer um que esteja querendo transformar um sonho em realidade é um empreendedor. Ele quer assumir responsabilidades. Prefere o risco moderado. Confia no seu sucesso pessoal e é uma pessoa que pensa positivamente.

Nem todo mundo pode ser um empreendedor, e isso não é um demérito. Um dado importante é que todo o tipo de gente é necessário para fazer os negócios funcionarem de verdade. Precisamos de administradores, auxiliares administrativos, técnicos, pesquisadores, etc. Precisamos de todas essas pessoas e nem todas são empreendedores, alguns são administradores.

O empreendedor assume riscos e isso é que o torna especial. Somente aqueles que assumem riscos podem compreender verdadeiramente o que é um risco. Descobri ao longo dos anos que entrar num negócio com alguém que não esteja investindo dinheiro (risco zero) normalmente não funciona tão bem quanto ser sócio de alguém que também tenha investido seu dinheiro.

É muito solitário quando você está no topo e a responsabilidade não vai além de você; quando a decisão tem de parar no seu nível e não há mais nenhum lugar para onde ela possa retroceder. Quando a empresa precisa de dinheiro e não há mais ninguém para arranjá-lo a não ser você; então você enfrenta a obrigação de descobrir onde vai consegui-lo. Será possível? O que vão dizer os banqueiros? De onde virá o capital adicional?

Essa situação ocorreu comigo há pouco tempo. Uma de nossas empresas, na qual havíamos investido muito dinheiro, deixou cair uma bomba quando seus diretores disseram: "Precisamos de muito mais dinheiro para sobreviver durante os próximos trinta dias". Em função da situação dos bancos e das condições mundiais atuais, isso era um tremendo desafio. Era uma situação em que eu verdadeiramente não sabia se conseguiria os fundos necessários, o que me punha sob uma tremenda pressão. É preciso um determinado tipo de gente para lidar com uma situação dessas. Exige um verdadeiro empreendedor.

Os verdadeiros empreendedores têm muitas características definitivas.

Os verdadeiros empreendedores mantêm-se concentrados no trabalho a ser feito. Eles farão qualquer coisa para que o projeto funcione, não importa quais sejam as características do trabalho. Eles são capazes de ter uma visão completa do quadro. Eles sabem que precisam ajustar-se à situação.

Os verdadeiros empreendedores trabalham com discrição tanto quanto possível. Eles não saem por aí, dizendo: "Vejam, fiz um trabalho extra que nem era minha responsabilidade". Eles sabem que, quando merecem reconhecimento, eles o têm. Pode ser que tenham de trabalhar um pouco mais do que qualquer outro na empresa. Podem não ter o reconhecimento imediato por isso, mas cedo ou tarde suas realizações ficarão evidentes.

Os verdadeiros empreendedores nunca apostam numa corrida da qual não participam. Eles não querem que seu sucesso dependa de qualquer outra pessoa.

Os verdadeiros empreendedores são fiéis aos seus objetivos e realistas com relação ao modo de atingi-los.

Os verdadeiros empreendedores sempre querem aprender e melhorar em todas as etapas de sua carreira. O dia em que você deixar de aprender será o dia em que vai começar a regredir.

Os verdadeiros empreendedores nunca estão satisfeitos. Eles estão sempre procurando um modo melhor de fazer as coisas e estão sempre desafiando a si mesmos.

Os verdadeiros empreendedores associam-se com pessoas semelhantes a eles — pessoas que estão em ascensão. Eles trabalham apenas com o melhor. Eles não são puxados para baixo por aqueles que estão caindo. Eles se associam a pessoas entusiasmadas, cheias de energia, pessoas que, como eles, pensam em seu futuro.

Os verdadeiros empreendedores desenvolvem centros de influência. Descobrem pessoas que têm os mesmos interesses e que desejam vê-los bem-sucedidos. Assim, eles seguem sua intuição sobre essas pessoas.

Os verdadeiros empreendedores querem sempre tomar parte da solução do problema trazendo respostas. O perdedor é sempre parte do problema.

Os verdadeiros empreendedores valorizam as pessoas que investem neles, aqueles que estão assumindo um certo risco por apoiá-los. Eles nunca concedem com relutância o que os seus patrocinadores merecem em retribuição.

Os empreendedores construíram os Estados Unidos e o espírito empreendedor floresce ainda hoje. Nem todas as pessoas bem-sucedidas nos negócios são empreendedores e nem todos os empreendedores são pessoas bem-sucedidas nos negócios. Há muitos empreendedores que não alcançaram o sucesso... ainda. Eles vivem com um sonho e o objetivo de algum dia realizar uma coisa grande. Os empreendedores que não permitirem que o fracasso os abale um dia serão bem-sucedidos.

Todos os empreendedores têm intuição, um sentimento de premência com relação ao seu trabalho e à sua vida. Se você deseja ser um empreendedor, precisa ter uma grande reserva de energia. Você precisa ter um arranque automático. Precisa ser capaz de se levantar de manhã, dar um pontapé no próprio traseiro, sair de casa e fazer seu trabalho, qualquer que ele seja. Se tem todas essas qualidades... você pode de fato ser um empreendedor.

2

Idealize o seu Negócio

Muitas pessoas sonham em ter seu próprio negócio. São motivadas por inúmeras coisas — dinheiro, a possibilidade de administrar o próprio tempo, a contribuição para a comunidade. Ao mesmo tempo que muitas pessoas têm esse sonho, é impressionante como são poucas as pessoas que sabem como transformá-lo em realidade.

Começar um negócio é como construir uma casa; você começa a trabalhar de baixo para cima e a primeira coisa que precisa ter é um bom alicerce. A fundação de um negócio começa com um plano de negócio.

O plano de negócio é um retrato de como você o imagina e de como pretende conduzi-lo. Esse retrato tem cinco partes essenciais. Em primeiro lugar, você precisa ter uma idéia do serviço ou do produto que pretende fornecer. Em segundo lugar, você precisa ter uma estratégia direcionada para gerar a venda de seus produtos ou serviços. Em terceiro lugar, é necessário saber que tipo de pessoal você vai precisar. Em quarto lugar, você tem de saber qual a melhor localização e de que instalações vai precisar e, por último, mas certamente não a parte menos importante, você precisa saber como vai financiar seu negócio. Faça a distinção entre o capital de investimento e o capital operacional.

Primeiro: tudo começa com uma boa idéia

Para chegar a essa boa idéia para um negócio, você tem de ser criativo e otimista. Fique atento. *Treine para procurar meios de aperfeiçoar produtos e serviços. Tome conhecimento dos interesses e gostos das pessoas.* Ainda mais importante, fique atento às mudanças. Nossa sociedade está em constante transformação, e *cada mudança oferece uma infinidade de oportunidades!* Pergunte a si mesmo constantemente: "Existe um meio melhor de se fazer isso?" ou "De que forma esse produto poderia render mais?" Talvez você possa aperfeiçoar um serviço ou um produto. Ele não precisa ser exótico ou novo; há oportunidades simples em toda parte. Por exemplo, enquanto estou sentado em meu escritório, acendo uma lâmpada. Se estiver treinado para estar sempre em busca de melhorias, posso perceber que a lâmpada não irradia uma luz boa e então eu começo a pensar num modo de aperfeiçoar aquela lâmpada.

No correr do dia, as dificuldades podem surgir enquanto executamos tarefas cotidianas e, nesse caso também, a mente treinada começa a procurar um meio mais fácil e eficiente de realizá-las. Talvez você descubra um modo melhor de escovar os dentes, preparar uma refeição ou mesmo uma maneira mais eficiente de dar brilho nos sapatos. Quantas vezes você imagina que alguém tenha procurado pelos óculos antes de ter a idéia de prender uma corrente neles e assim poder carregá-los pendurados ao pescoço? Se for uma situação comum, muita gente pode sair ganhando com a sua solução e, ainda mais importante, pagar por ela.

Treine para passar em revista negócios e serviços com a intenção de aperfeiçoá-los. Alguém teve a idéia da *pizza*. Alguém me contou que, ao contrário da crença existente, a *pizza* originou-se nos Estados Unidos. Pesquise todos os diferentes tipos de restaurante e de prato. Há sempre espaço para uma comida nova.

Esteja atento aos interesses das pessoas. Procure por novidades que possam interessá-las. O Chia Pet, uma novidade popular, é simplesmente um meio de fazer a grama crescer em diferentes formatos. E o que dizer da mania pela pedra de estimação que teve tantos adeptos há alguns anos? Estatuetas de astros do esporte, pôsteres de celebridades, autógrafos, réplicas de uniformes ou indumentárias são excelentes negócios. Um boné sem aba pode ser viável já que tantos adolescentes estão usando o boné ao contrário! As oportunidades não têm limites. Você pode descobrir uma onde as coisas estão se modificando (lembra-se da intuição?) e as coisas estão sempre mudando.

As oportunidades de investimento que parecem no mínimo promissoras são muitas vezes oportunidades reais. Isso acontece principalmente no comércio varejista e no setor de prestação de serviços. A Wal-Mart e outras grandes lojas de descontos às vezes parecem imbatíveis para os pequenos estabelecimentos das cidades do interior. Mas os grandes centros de desconto têm pontos fracos. Faltalhes o atendimento personalizado e o conhecimento detalhado de seus produtos. Além disso, estão sempre lotados. As pequenas empresas precisam buscar formas de tirar proveito dessas fraquezas para ser competitivas e lucrativas. Tenho uma amiga que compra seu perfume favorito em uma loja pequena. Em certa ocasião, quando precisava embarcar para uma viagem de negócios, ela percebeu que seu perfume estava acabando e não seria suficiente para a viagem. Quando foi comprar um frasco, a proprietária da loja disse que não tinha conseguido comprar nenhuma unidade do fabricante, mas deu à minha amiga o frasco de prova que ficava no balcão para que ela o levasse na viagem. Ela só pediu que, quando voltasse, devolvesse o que tivesse sobrado. Sem cobrar nada! Esse é o típico serviço extra que uma grande loja de departamentos ou de descontos simplesmente não pode e não vai fornecer.

As tendências e a moda vivem em constante mudança. Muito tempo atrás, as pessoas só usavam sapatos amarrados com cadarços. Um empresário esperto previu a mudança da moda e produziu uma remessa de sapatos sem cadarços. Quem teria acreditado, nos idos de 1950, que dali a algumas décadas as pessoas estariam usando como traje normal as camisetas que antes iam por baixo das malhas ou das camisas? Atualmente, a indústria de camisetas é enorme. No setor de restaurantes, alguém inovou com o bufê de saladas e o bufê cobrado por quilo. Pouco mais de vinte anos atrás, eles somente existiam em locais que contavam com o serviço completo. Agora, quase todos os estabelecimentos oferecem serviço de bufê ou rodízio. Observe como as coisas estão mudando e descubra meios de aproveitar essas mudanças.

Também existem oportunidades em tecnologias e negócios que estão apenas começando a decolar. Quando entrei no negócio da Pizza Hut, descobri que havia muita gente como eu, sem muita experiência com *pizza*. Na realidade, muita gente nunca havia provado uma *pizza* nas localidades em que estávamos instalando Pizza Huts. Nós fomos os pioneiros, por assim dizer. Algumas vezes, o fato de você ser um pioneiro e estar abrindo um novo caminho favorece a abertura de um negócio que, de outro modo, você não conseguiria abrir.

Conheça o tipo de negócio que você pretende começar

Faça sua lição de casa!

Um fator importante quando você tem uma idéia para abrir um novo negócio é saber alguma coisa sobre ele antes de começá-lo. Nunca comece um negócio do qual você não saiba nada!

Consiga todas as informações que puder sobre o negócio. Nunca parta de idéias preconcebidas. Elas quase sempre vão se provar falsas. Faça sua lição de casa. Estude um negócio parecido. Você precisa fazer pesquisas e analisar dados. É necessário descobrir onde está o mercado consumidor. Numa comunidade em desenvolvimento, numa comunidade de executivos, de baixa renda ou de renda alta? Há uma série de questões cruciais que precisam ser pesquisadas e analisadas.

Saiba quem serão seus clientes e qual poderá ser a sua cota de clientes. Nesse mercado, o consumo ocorre no mesmo local da compra ou em local diferente? Você precisa olhar além do seu próprio mundo para descobrir essas respostas.

Antes de entrar no ramo dos plásticos, viajei pelo país visitando fábricas que produziam bolsas de plástico. Tive a oportunidade de conhecer algumas por dentro, outras não, mas aprendi muito conversando. Depois, procurei fabricantes de diferentes equipamentos e procurei aprender tudo o que pudesse sobre esses equipamentos. Ao selecioná-los, fizemos algumas escolhas que se mostraram pouco apropriadas e que tornaram nosso trabalho mais difícil e complicado. Graças ao conhecimento de pessoas como Ron Black e Craig Currier, sobrevivemos e nos saímos bem.

Quando a Pitt Plastics estreou no mundo dos negócios, nós nos apoiamos principalmente no conhecimento de uma determinada pessoa sobre como fabricar bolsas de plástico. Contratamos um gerente de fabricação mesmo antes de terminarmos a construção da fábrica. Nós o enviamos para outra fábrica em Ohio para fazer um treinamento durante seis meses. Dependíamos exclusivamente do conhecimento especializado que esse único homem estava acumulando. Era uma posição delicada e perigosa em que nos colocávamos e, evidentemente, isso gerou uma crise. Marv Ackerson tinha aprendido bem e desenvolvido o conhecimento e a especialização de que necessitávamos. Infelizmente, para ele e para nós, quando iríamos começar a produção, nosso especialista em plásticos sofreu um grave acidente de carro. Um outro automóvel jogou-o para fora da estrada, fazendo-o colidir contra as vigas de uma ponte. Ele acabou ficando com um cano de três polegadas de diâmetro e mais de seis metros de comprimento atravessado na barriga. Houve uma lesão no nervo ciático e não era possível saber se ele sobreviveria ou não. Depois de alguns dias de preocupação e espera, ficamos aliviados quando soubemos que ele se recuperaria. Atualmente, ele é forte e saudável, manca ligeiramente, mas se cair do telhado sobre um piso de concreto só vai sofrer arranhões. Marv é um lutador e teria sido de um valor inestimável para a nossa companhia.

Naquele momento de crise, nós nos reunimos e juntos aprendemos a operar a fábrica, mas levou um bom tempo até produzirmos nossa primeira bolsa de plástico. Aprendemos uma lição valiosa. É importante ter um conhecimento profundo do negócio que estamos tocando. Não conte demais com o conhecimento alheio e nunca deixe todas as chaves desse conhecimento nas mãos de uma só pessoa.

Segundo: Tenha uma estratégia para gerar vendas

Ótimo, agora você já sabe qual o tipo de negócio que quer começar. Como vai conseguir atrair as pessoas para que adquiram seus serviços ou suas mercadorias? Há três etapas para se gerar vendas: Marketing, Propaganda e Qualidade (e atendimento ao cliente).

O marketing consiste na identificação do seu cliente em potencial e, a partir daí, na elaboração de uma estratégia para levar esse cliente a comprar seus produtos ou serviços (ou ir até o seu estabelecimento).

Há muitas formas de se identificar clientes em potencial. Você precisa pesquisar a faixa etária, o sexo, a situação financeira e outros fatores de identificação do seu público-alvo. Você precisa conhecer o número de clientes em potencial para determinar o quanto seu negócio pode ser lucrativo.

Por exemplo, na National Mills, produzimos por semana milhares de dúzias de camisetas. É muita camiseta, não é? Mas adivinhe o que acontece. Nós só temos de produzir uma pequena porcentagem da produção de toda a indústria de camisetas para sermos bem-sucedidos. Precisamos produzir menos do que 2% de toda a produção desse setor porque se trata de um negócio de bilhões e mais bilhões de dólares.

Seu departamento de marketing precisa determinar a amplitude que suas vendas alcançarão. Quanto mais amplo for o mercado e quanto menos você precisar dividi-lo, maior sua chance de ter um negócio lucrativo.

O marketing é uma arte, não uma ciência. Só porque você faz essa pesquisa e elabora uma estratégia, isso não significa que ela será válida para sempre. Como eu já disse várias vezes anteriormente e repetirei ainda muitas vezes, as coisas mudam. A melhor coisa que você pode esperar é superar as porcentagens. Para fazer isso é preciso tentar uma porção de coisas diferentes das mais variadas formas possíveis.

Muita gente que trabalha em pesquisas de marketing vai discordar de mim com relação a isso. Vão dizer: "Podemos dizer a você que, se fizer isso e fizer aquilo, vai funcionar". Mas os índices demográficos mudam constantemente. As emoções das pessoas mudam. Novas invenções trazem mudança na demanda de produtos (novamente a intuição). É preciso ficar de olhos abertos e buscar novas idéias com relação ao marketing de seus produtos e ficar atento às necessidades de seus clientes. A melhor ferramenta de marketing é um bom (excelente, se possível) produto ou serviço. Se seus clientes apreciam cabalmente seus produtos ou serviços e estão satisfeitos com eles, vão contar aos amigos e você se beneficia da propaganda boca a boca.

Somando-se a tudo isso, depois que tiver identificado seu público-alvo, você precisa de uma estratégia para fazer com que essas pessoas comprem seu produto. É necessário descobrir um meio de levar ao conhecimento do público que suas mercadorias ou serviços existem. Você precisa fazer propaganda.

Muitas pessoas não reconhecem a importância da propaganda. Na verdade, sabemos que apenas 50% de toda a propaganda funcionam. A única dificuldade é que não sabemos qual 50% do total de 100% é a parte que funciona. Entretanto, não podemos eliminar nenhuma parte do programa sem correr o risco de diminuir sua eficácia. De fato, quando os negócios passam por dificuldades, muitas vezes a verba de propaganda é cortada do orçamento, por ser considerada um artigo de luxo. A propaganda é uma necessidade e não precisa ser dispendiosa.

Muita gente equipara a propaganda a um só veículo de comunicação... a televisão. A televisão é o modo mais caro de se fazer propaganda e o melhor meio de atingir as massas. A maioria das empresas pequenas não precisa atingir as massas! Precisa, isto sim, atingir um público-alvo muito menor. Hoje, a televisão se apresenta de formas tão diferentes que até mesmo quem tem recursos para usá-la como veículo precisa abordá-la de modo muito mais amplo.

Fazer propaganda pode ser tão simples quanto pôr uma placa na fachada da sua empresa. A propaganda pode incluir ligações telefônicas para seus clientes em potencial. Também pode ser feita por mala direta. Sua empresa pode ser do tipo que se beneficia com anúncios nas páginas amarelas ou na lista telefônica local.

Você pode descobrir inúmeros meios de pôr sua empresa em evidência. Filie-se à Associação Comercial da sua região. Freqüente suas reuniões e conheça os associados. Descubra meios de promover seu negócio por intermédio dos serviços da Associação — oferecendo um café ou uma recepção em sua empresa ou comparecendo a exposições. Mesmo os estabelecimentos comerciais ou empresas grandes devem fazer isso em âmbito local, em todas as comunidades em que têm filiais. Se a sua empresa cooperar com a comunidade, seus clientes vão se sentir bem fazendo negócios com você.

Depois que você formar uma clientela e seus clientes tiverem uma idéia da qualidade e da confiabilidade de seus serviços ou produtos, a propaganda boca a boca vai entrar em ação. Foi por isso que acrescentei este terceiro item na fórmula para gerar vendas: a qualidade e, ao seu lado, o atendimento ao cliente.

Não importa quanto dinheiro você gaste com marketing ou propaganda, se não tiver um produto de qualidade, as vendas não acontecerão. Você pode fazer a primeira venda, mas, se seu produto não for bom, a transação não se repetirá. É difícil conseguir atrair o cliente da primeira vez. Se você conseguir isso e fracassar na hora de impressioná-lo pela qualidade e atendimento, vai ser praticamente impossível conseguir que ele volte. E de uma coisa você pode ter certeza: você também não vai conseguir vender nada para os amigos dele!

É por isso que o atendimento ao cliente é tão importante. Qualquer um pode entrar numa grande loja de descontos e comprar móveis, uma ferramenta especial ou persianas; basta pedir. Essas grandes lojas podem oferecer esses produtos a um preço mais baixo porque elas têm possibilidade de comprá-los em grande quantidade. Mas o que acontece se o produto quebra ou não funciona como deveria? Quem vai consertá-los? Eles podem substituir o produto, mas e o trabalho que dará a reinstalação e o tempo gasto para descobrir o problema?

As empresas que se especializam em determinados produtos — e que por isso são obrigadas a vendê-los por um preço mais alto do que as grandes lojas — precisam ser capazes de vender sua boa qualidade e seu atendimento ao cliente como fatores a mais no seu produto. Se o cliente não for bem tratado num estabelecimento, ele não vai voltar. A qualidade e o atendimento precisam ser uma prioridade para você *e* para seus empregados o tempo todo!

A Pizza Hut é um bom exemplo de como uma empresa pode dominar o mercado, mesmo com o preço um pouco mais elevado. Muitas outras pizzarias vendem seu produto mais barato. O atendimento nesses lugares também é bom. Mas quando se trata de qualidade, muitas têm falhas. Nossos ingredientes são frescos e autênticos. Não usamos imitações! Nossos discos de massa são maiores do que em outras pizzarias. Empenhamo-nos para dar o melhor atendimento possível aos nossos clientes.

Você já pensou alguma vez na porcentagem de pessoas que não se queixam? Noventa e nove por cento das pessoas que estão insatisfeitas com produtos ou serviços não reclamam. Digamos que você receba uma carta de reclamação de uma pessoa, isso significa que há a probabilidade de que 96 outras pessoas espalhadas por aí estejam pensando do mesmo modo!

Como eu disse, conseguir vender não é uma tarefa fácil. É muito raro abrir um negócio e não ter dificuldades no princípio. Acontece ocasionalmente, como no caso de empresas de *software* ou de computadores com um único produto que todo mundo deseja (Windows...). Ou quando um novo restaurante é aberto numa cidade pequena e todo mundo vai comer lá, ao menos uma vez. Talvez o restaurante continue a ser um sucesso por algum tempo, mas vai chegar um momento em que os proprietários vão ter de descobrir meios de relembrar o público-alvo sobre a qualidade de seus produtos ou do atendimento.

Sua estratégia para gerar vendas deve incluir a verba que você imagina que vá precisar para o marketing e a propaganda. É necessário pesquisar a mídia que pretende usar e incluir os custos dos anúncios que fará nessa mídia.

É importante analisar todas as promoções que você vai oferecer. Como eu disse antes, talvez você tenha de tentar muitas coisas diferentes para descobrir a abordagem certa para vender seus produtos ou serviços. Não fique desanimado se uma de suas "grandes idéias" para uma promoção não der certo. Talvez ela funcione mais adiante. O segredo é se comunicar com seus clientes. Analise e reveja cada promoção da perspectiva deles. Tente descobrir por que os resultados foram aqueles, bons ou ruins.

Terceiro: Empregados e treinamento

Que tipos de pessoa sua empresa vai precisar para funcionar? Você é o único empregado? Você tem a capacitação necessária para produzir suas mercadorias ou serviços? Se você não for o único empregado, de quantos empregados você precisará? Que tipo de especialização esses outros empregados precisarão ter? Quanto você terá de lhes pagar? Que tipo de benefício você poderá dar a eles? Os serviços fornecidos por sua firma ou as mercadorias produzidas por ela exigem muito treinamento ou um reforço no treinamento do pessoal? Com que freqüência será preciso repetir o treinamento?

Assim que tiver respondido a todas essas perguntas e contratado seu pessoal, você deve pedir a cada funcionário para que descreva por escrito as características de seu trabalho, na visão dele. Nessa descrição devem estar incluídas as responsabilidades e metas para os próximos 30, 60 e 90 dias. Periodicamente, reveja as anotações relativas às metas para verificar se estão sendo cumpridas. Isso o ajudará a acompanhar os índices de produtividade e passará para os próprios funcionários a responsabilidade de julgar e avaliar a si mesmos. Isso vai lhes dar incentivo e motivação próprios para serem bem-sucedidos em vez de se sentirem comandados por seus superiores. Deve também incluir a filosofia deles e por que ela é tão importante para eles e por que é boa para você. Deve incluir também o quanto a produtividade, a rentabilidade e um ambiente agradável são importantes. A capacitação do nosso pessoal e a nossa própria habilidade para interagir e impor respeito, admiração e lealdade são os fatores que podem fazer a diferença. Se quisermos lealdade, precisamos ser leais e compreensivos. Respeito, Dignidade, Cordialidade, Gentileza, essas são palavras-chave para qualquer negócio.

Quarto: Localização física

Você escolheu o tipo de negócio que deseja ter. Já contratou os empregados. Onde vai colocá-los? Um dos fatores importantes de qualquer plano de negócios é a localização das instalações e as exigências físicas da sua empresa. Vamos supor que seu negócio exija que ele seja instalado fora da sua casa.

Você precisa encontrar um lugar que possa manter e que se encaixe nas características do seu negócio. Precisa escolher onde construir, alugar ou comprar a sala, a casa, o prédio ou o galpão. É preciso pensar cuidadosamente sobre o local onde vai instalar seu negócio. Você precisa considerar também qual o comprometimento financeiro que pode assumir. Sua empresa vai exigir muita circulação de veículos? Você precisa de muitas vagas num estacionamento? Que tipo de acesso para deficientes é exigido em seu ramo de negócios?

São essas as coisas que você precisa levar em consideração e analisar com cuidado antes de entrar verdadeiramente no negócio. Lembre-se de que, em alguns ramos de negócio, o local é um fator importantíssimo. Do mesmo modo que o zoneamento. Você precisa ter conhecimento das leis de zoneamento da sua cidade. É preciso entrar em contato com a prefeitura no início do projeto. O edifício em que vai ser instalada sua empresa precisa estar de acordo com certas normas, assim você tem de saber quais são elas e quais serão os custos que terá para obedecê-las.

Você também precisa verificar se está isento de algumas taxas, se pode se beneficiar de algum tipo de incentivo do governo ou se tem direito a empréstimos com juros mais baixos. Muitos municípios reservam fundos para auxiliar as empresas que podem promover o desenvolvimento econômico da região.

Repito: pesquisa, análise, lição de casa. Esses desafios têm de ser encarados e resolvidos **antes** de você abrir as portas do seu estabelecimento.

Quinto: Onde você vai conseguir dinheiro?

Pusemos o dinheiro na quinta etapa do plano de negócios, mas ele poderia ser considerado a primeira etapa. Para começar um negócio, você precisa ter capital.

Se não tiver seu próprio dinheiro, precisa arranjar outras fontes (investidores) que queiram aplicar um capital.

É uma boa idéia ter seu próprio dinheiro na sua empresa. Se tiver de depender de muitos investidores, você vai acabar em meio a uma luta pelo poder e acabar completamente fora do negócio que era seu sonho e foi criação sua. Lembre-se de que o dinheiro que você consegue com investidores tem um custo.

Alguns anos atrás, tive a oportunidade de comprar um clube de beisebol da liga principal. O custo do empréstimo era de 20 a 21%. Senti que era excessivo. Além disso, a estrutura corporativa do clube de beisebol tinha normas especiais que dificultavam o pagamento do investimento. As empresas regidas por essas normas são consideradas como pessoas físicas, o que significa que pagam impostos sobre os rendimentos, quer os tenha ou não. Nas associações comuns, você paga o imposto associativo mas não paga impostos de pessoa física até que tenha rendimentos. Se você tirar parte do seu rendimento de uma associação normal, estará sujeito à dupla taxação, mas, se não fizer nenhuma retirada pessoal, você pode liquidar o débito ou investir na sua empresa e somente pagar um imposto menor (associativo), em vez dos impostos referentes à pessoa física. Comprar o clube de beisebol teria sido mais fácil se ele fosse uma associação comum. Se o custo do empréstimo for muito alto, talvez você não deva entrar no negócio. O custo do dinheiro pode levar todo o seu lucro por água abaixo. O seu capital precisa estar configurado no custo operacional da empresa e subtraído antes que os lucros sejam computados.

A coisa mais difícil na hora de levar adiante uma empresa é conseguir o financiamento. Os bancos não estão dispostos a financiar sonhos ou idéias. Eles só estão interessados em ativos fortes! O meu primeiro empréstimo foi conseguido fora da cidade porque nenhum dos bancos locais faria um empréstimo para mim.

Um dos desafios é descobrir um meio de começar um negócio com o menor investimento possível. O mais provável é que você tenha de emprestar algum dinheiro para começar seu negócio. Tenha a certeza de uma coisa, você precisará ter um planejamento por escrito e detalhado da empresa para conseguir um empréstimo de uma instituição financeira com credibilidade.

As instituições financeiras seguem certas diretrizes ao emprestar dinheiro ou ao investir num negócio. Apresento a seguir uma lista das características que deve ter a pequena empresa que solicita um empréstimo:

1. Boa capitalização ou ganhos mantidos na empresa.
2. Boa administração.
3. Conhecimento e experiência no setor em que atua.

4. Bom caráter.
5. Um bom histórico de crédito.
6. Potencial de crescimento.
7. Imóveis que sirvam de garantia do pagamento da dívida.
8. Bom planejamento e bons produtos.
9. Liquidez.
10. Patrimônio pessoal investido na empresa.

Se você já faz parte do mundo dos negócios, mas pretende expandir suas empresas ou começar um negócio paralelo, vai precisar acrescentar as seguintes características à lista anterior:

11. Histórico de boa lucratividade.
12. Bons métodos de contabilização e balanços financeiros.
13. Aumento nas vendas ou na participação no mercado.
14. Manter a instituição financeira ciente da situação financeira da sua empresa.

As razões principais para que um pedido de empréstimo destinado a uma pequena empresa seja rejeitado incluem:

1. Capitalização insuficiente ou endividamento excessivo.
2. Falta de garantias.
3. Incapacidade para demonstrar a fonte de reembolso.
4. Histórico de crédito negativo.
5. Informações financeiras insuficientes.
6. Administração frágil.
7. Falta de experiência no ramo de negócio em que atua.
8. Histórico fraco ou de pouca rentabilidade.
9. Relatórios financeiros não profissionais.
10. Resultados não confiáveis.
11. Planejamento fraco.
12. Não utilização dos serviços bancários em toda a sua capacidade.

Há inúmeras fontes para ajudá-lo a encontrar o financiamento para o seu negócio. Você pode entrar em contato com serviços de apoio a pequenas e médias empresas para descobrir como conseguir um financiamento. Se houver uma universidade na cidade em que mora ou nas vizinhanças, você pode verificar se ela oferece aconselhamento para empreendedores que desejam começar um novo negócio.

Olhe adiante

Há ainda um outro fator a ser considerado no planejamento do seu negócio. Você precisa pensar na perspectiva de longo prazo. O processo de montar um negócio é muito metódico, lógico e lento. Uma vez concluído, é preciso manter sua empresa economicamente estável e preservar suas reservas financeiras.

Algumas pessoas encaram a moderação com relação a dinheiro como sovinice, mas a pessoa sovina é excessivamente zelosa e tola com relação ao dinheiro, pois o acumula quando teria mais sentido investi-lo. Manter a empresa economicamente estável não é ser sovina, é ser esperto!

A abordagem moderada é algo que você precisa ter sempre em vista. Você precisa estar sempre se aperfeiçoando na arte de descobrir gastos desnecessários. (Preste atenção aos "Cupins", no próximo capítulo.)

Comece com pouco, continue gastando pouco e reinvestindo. À medida que sua empresa for crescendo e você for conquistando algum sucesso, não perca de vista a demonstração de lucros e perdas. Lembre-se, assim como os tempos mudam, o mesmo pode acontecer com seus negócios. Na economia atual, as coisas acontecem muito rapidamente; assim, mantenha-se na defensiva.

Esse assunto me faz lembrar da história do mensageiro do Pony Express cujo cavalo ficou exausto e não podia continuar. O mensageiro parou na fazenda de um pastor evangélico que morava no meio do nada e pediu-lhe que lhe arranjasse um cavalo. Depois de algumas negociações, o pastor lhe deu seu único cavalo. O mensageiro montou no cavalo e disse: "Anda, vamos", mas o cavalo não se mexeu.

— Você precisa dizer "Louvado seja o Senhor" para que ele ande — explicou o pastor. — E tem de dizer "Amém" para que ele pare.

Dada essa explicação, o mensageiro disse: "Louvado seja o Senhor", e o cavalo disparou feito um foguete. O cavalo cavalgava desbragadamente e o cavaleiro mal conseguia se manter na sela. De repente, ele viu um despenhadeiro mais à frente e, aterrorizado, não conseguia se lembrar da palavra que o pastor lhe dissera que serviria para deter o cavalo.

— Ooaa — gritava o mensageiro. — OOaaa!OOaaa! — mas o cavalo não parava.

Finalmente, o mensageiro lembrou-se de dizer: "Amém" e o cavalo parou de supetão na beira do despenhadeiro. O mensageiro assustado inclinou-se para ver o abismo abaixo dele. Voltou a sentar-se na sela, tirou o chapéu, limpou a testa e disse:

— Ufa! Louvado seja o Senhor!

Não conduza sua empresa do mesmo modo que o mensageiro do Pony Express conduzia seu cavalo!

Observe o quadro todo

Outra coisa de que nunca se deve esquecer. John Tigrett é um homem a quem admiro muito e por isso presto muita atenção ao que ele diz. Seu conhecimento do mundo dos negócios e sua autoridade nessa área foram adquiridos nas negociações que fez por todo o mundo com alguns dos mais famosos líderes do setor empresarial. Ele é um bom amigo e conselheiro e me disse certa vez que, quando se tem um negócio, uma loja ou um investimento que não esteja indo bem, que já não vinha caminhando bem e no qual não se vislumbra a possibilidade de uma recuperação imediata, é melhor não ficar com ele. Corte suas perdas, absorva o impacto e siga em frente.

Se você é do tipo que faz planejamentos como o que eu descrevi, será capaz de começar seu negócio e avaliar o sucesso dele à medida que o tempo passar. Você vai enxergar as oportunidades para eliminar suas perdas ou conseguir lucros adicionais.

Poucas pessoas no mundo dos negócios compreendem os negócios em sua totalidade e sabem como fazer um balanço apresentar lucro. As pessoas são envolvidas pelo *glamour* de se alcançar um grande volume de vendas. Não percebem que o volume de vendas não vai importar se o dinheiro ganho não for usado para pagar as dívidas, ampliar o negócio ou gerar dividendos e bonificações.

Se seguir essa orientação geral para abrir sua empresa e mantê-la, o sucesso e a realização serão apenas uma questão de tempo. Poucas pessoas conseguem alcançar o sucesso em mais de uma empresa. O filho do sr. Tigrett, Isaac, conseguiu isso. Depois de abrir o Hard Rock Cafe e vendê-lo posteriormente, ele abriu The House of Blues, outro sucesso. Vale a pena mencionar que, com o lucro da venda do Hard Rock Cafe, ele construiu um grande hospital de caráter filantrópico e humanitário na Índia. Isaac e seus sócios são verdadeiros empreendedores.

Grandes Idéias, Grandes Sonhos e Grandes Planejamentos.

Realize seu sonho ou seja um membro valioso de um time!
Isso pode ser mais simples do que parece.
Já que não existe "eu" na palavra time
Serei eu quem irá sonhar e formar um time!

O sucesso exige o esforço de "todos" e, pela sua própria natureza, não deve beneficiar uma pessoa só.

3

MODERAÇÃO É A CHAVE

No capítulo anterior, falamos rapidamente sobre a postura moderada. Não importa qual a política empresarial que você adote, a moderação é uma exigência para o sucesso no mundo dos negócios. Há duas coisas muito importantes a fazer quando você começa uma empresa:

1. *Manter-se longe da política de gabinete.*
2. *Preserve sua cultura.*

Quando um negócio está começando, qualquer dinheiro ganho por sua empresa precisa ser reinvestido no negócio. No começo, grande parte dos lucros tem de ser investida em melhorias e no crescimento da empresa. O pagamento de empréstimos e dos investimentos deve se sobrepor a qualquer lucro pessoal. As despesas precisam ser controladas e chegar até um determinado patamar; só assim você pode maximizar totalmente os lucros. Essa é a mentalidade que mantém uma empresa prosperando.

Mantenha-se longe da política de gabinete

O que acontece com algumas empresas é que, à medida que progridem e se expandem, elas começam a exigir a contratação de "gente de fora"... pessoas com históricos corporativos. Infelizmente, muitos executivos ligados a corporações perdem, até certo ponto, o espírito de moderação. O que eu quero dizer com isso é que algumas pessoas lidam com o dinheiro da empresa como se ele fosse o dinheiro de mentirinha do Banco Imobiliário. Se você estiver lidando com vendas e quantias elevadas, vai chegar a um ponto em que não vai se incomodar em gastar dez mil dólares a mais, dar a alguém um bônus a mais ou levar os salários às alturas. Parte da mentalidade corporativa acha que o dinheiro de uma grande corporação não vale tanto quanto o dinheiro que você gasta em casa. É muito fácil para os funcionários fazerem um pedido de algum tipo de bugiganga, de um brinde ou item promocional, sabendo que, se comprarem para a corporação uma quantidade grande de jaquetas, bonés, pastas, lápis, papel, blocos de anotações, calendários de bolso ou qualquer coisa assim, eles ficarão com um exemplar de cada item. Algumas pessoas gastariam o dinheiro necessário para pagar um pedido de dois mil itens de alguma coisa só para ficar com um exemplar. Elas não se preocupam com o dinheiro da corporação, querem apenas um exemplar daquilo que encomendam.

Pessoas já me perguntaram: "Por que você não investe nisso?" e eu digo: "Não gosto disso. Não é um bom investimento". O argumento delas é que eu posso "abater" uma porcentagem desse gasto do imposto de renda. Eu coço a cabeça e digo: "O abatimento é de 37 a 38%; eu ainda perco 62%. Para mim, isso não faz sentido".

Eu posso abater tudo o que quiser. Tenho visto gente abater tantas coisas de seus impostos que acabam indo à falência. Essa, no meu modo de ver, é uma mentalidade equivocada.

Se um vendedor comercializa seu produto por vinte centavos a mais por quilo do que outro, isso pode não parecer uma grande diferença. Mas compre mil quilos do produto e essa pequena diferença vai se agigantar. Elogie a administração que vigia até os centavos nos custos e não deixa de manter sob controle o padrão de qualidade.

Nesse setor, a mentalidade corporativa muitas vezes ultrapassa os limites. O que acontece se você gastar ou comprometer fundos para cobrir os excessos? O que vai acontecer no ano seguinte?

Digamos, por exemplo, que uma empresa tenha tido um bom ano e os executivos decidam dar um aumento de salário substancial a todos. E, então, o ano seguinte não se apresenta tão lucrativo e não há verba para nenhum tipo de aumento. Como isso atinge o moral dos empregados? De acordo com a política de gabinete, ou a mentalidade corporativa, você deve dar o que quiser aos empregados este ano, sem se preocupar com os próximos dez anos, nem mesmo com o ano que vem.

Não me entenda mal. Não sou contra gratificar os empregados. Afinal, é uma vantagem para uma companhia pagar salários competitivos para seus empregados e fornecer benefícios também competitivos. Mas o objetivo deveria ser manter a empresa à tona e conservar os empregados em seus cargos durante muitos anos. As empresas precisam fazer um planejamento para ter seus empregados satisfeitos todos os anos. Se os empregados sempre esperarem por uma gratificação extra, no ano em que isso não acontecer, o empenho e a produtividade diminuirão. Se você der algum tipo de aumento num ano ruim, pode incentivar os empregados com um comunicado apropriado a respeito de como o esforço extra e o empenho por parte deles são necessários.

Gosto da idéia da participação nos lucros — sob a forma de incentivos na compra de ações ou de planos de aposentadoria. Ajudar os empregados a ter o futuro assegurado é um gesto valioso e contribui para que o empregado permaneça na sua empresa durante um longo tempo.

Os empresários de hoje descobriram que é necessário fazer uma projeção vinte a trinta anos à frente no momento de contratar um funcionário. As empresas devem oferecer salários competitivos, mas também *precisam tomar cuidado para não ter empregados supervalorizados com relação ao cargo que ocupam.*

Historicamente, isso é o que vem acontecendo com muitas das maiores companhias. Quando seus executivos atingem a idade de 45 a 50 anos, as empresas têm de incentivá-los (forçá-los) a se aposentar porque seus salários chegaram a um patamar tão alto que o trabalho que estão fazendo poderia, na verdade, ser feito em troca de uma quantia bem menor no mercado de hoje.

O melhor meio de ter executivos leais e competentes em sua empresa é promovê-los dentro da própria companhia. Evidentemente, isso significa que você precisa olhar cada empregado, do contínuo à secretária, como um executivo em potencial. As pessoas desenvolvem ambição e iniciativa e, toda vez que você promover alguém de dentro da empresa, você está sinalizando para os outros empregados que quer utilizar aqueles que já vestem a camisa da empresa. Assim, sua meta deve ser a de ter sempre um candidato a promoção em cada posto da sua empresa. A promoção de funcionários deve ser o seu desafio. *Os melhores empregados são aqueles que treinam seus próprios substitutos.*

Preserve sua cultura

Cultura, nesse sentido, é seu método de trabalho. É o modo como você conduz sua empresa. A cultura é uma natureza. É ser moderado ou agressivo. É treinar e reforçar o treinamento. É conservar e aperfeiçoar empregados que trabalham há muito tempo na empresa, eliminando assim a rotatividade excessiva de pessoal. É o modo como você lida com seus lucros. É o planejamento de longo prazo, que leva em conta onde você quer estar amanhã e também daqui a vinte anos.

Nas boas práticas empresariais, cultura é a postura dos líderes das empresas com relação à forma de trabalho. É a atitude do dia-a-dia com relação à baixa e à alta chefia. Formas equivocadas de trabalho também podem fazer parte da cultura de uma empresa.

Quando você constrói sua empresa com o material humano interno, treinando e promovendo continuamente seus empregados, você tem uma chance maior de manter sua cultura. Os empregados que permanecem numa empresa e fazem parte do seu crescimento são extremamente valiosos. Com muita freqüência, eles se sentem como os pais orgulhosos das realizações da empresa. Eles precisam sentir que fazem parte do sucesso e das conquistas. Esses empregados levam o sucesso da companhia muito a sério. Dependemos dos empregados que estão na empresa há muito tempo para treinar os novos empregados e dar exemplo quanto ao tipo de local de trabalho que desejamos.

Na IPC International, nós gostamos de fazer as promoções dentro da própria empresa. Gostamos que os empregados passem por vários cargos, à medida que vão subindo dentro da empresa, e que recebam treinamento. Gostamos de investir neles para deixá-los prontos para serem promovidos para cargos mais elevados. Como eu já disse, tenho uma certa resistência a usar agências de emprego. Eu imagino que as pessoas que valem a pena ser contratadas estejam tão ocupadas em seus próprios empregos que não têm tempo para sair e procurar outra colocação.

Entretanto, como eu também já disse anteriormente, às vezes é necessário trazer gente de fora. Isso pode ser arriscado. O indivíduo pode ter uma excelente visão dos negócios, pode ter todas as aptidões e qualificações exigidas para o cargo, pode ter experiências anteriores que, na teoria, fazem dele o administrador ideal. Mas nunca se esqueça de que, se ele deixa uma empresa pela sua, pode deixar a sua por outra companhia. O que você não sabe é se, depois de contratá-lo, ele irá se adaptar ao modo como VOCÊ lida com os negócios. Será que vai se ajustar ao seu meio e à sua filosofia? Conseguirá adotar a sua postura moderada? Essas são questões difíceis. Lembre-se de que você poderá ficar preso a uma contratação insatisfatória até a aposentadoria... a sua aposentadoria!

Nós crescemos durante os anos de 1960 e 1970 e, como continuamos a expandir e gerar mais vendas, em 1982 decidimos nos tornar uma empresa aberta. Depois de um processo de dezoito meses, em agosto de 1984, ficamos em condições de abrir o capital.

Com o crescimento vieram as mudanças. Agora temos uma cadeia de administração mais bem estruturada, que se estende da minha posição como *chairman* do conselho administrativo e diretor-executivo, até o presidente, o vice-presidente e os presidentes das divisões, cada um com sua equipe de marketing, de recursos humanos, de desenvolvimento e de finanças. Paralelamente a todos esses cargos, temos o pessoal de escritório que totaliza mais de dezessete mil empregados. Temos escritórios em Dallas, Little Rock, Memphis, Mississippi, Springfield (Missouri) e Birmingham. Nossa estrutura de administração média inclui o presidente do setor de operações, os vice-presidentes regionais, os gerentes regionais, os gerentes-gerais de área e subgerentes e auxiliares.

Em nossas fábricas, temos o *chairman* do conselho, o presidente, os vice-presidentes e equipes de apoio nas áreas de recursos humanos, marketing, corretagem e vendas, além de superintendentes do setor de produção, supervisores, treinadores e chefes de turnos.

Como empreendedor, tive dificuldade para lidar com o volume de política de gabinete que se insinua em nossas empresas. À medida que crescíamos e nos tornávamos uma corporação maior, ainda que relativamente pequena, víamos uma certa dose desse comportamento se insinuar em nossos negócios.

Por política de gabinete, eu entendo menos controle de nossas despesas; menos controle de nossos custos totais. É uma batalha constante. Quanto maior você fica, maior a dificuldade de conservar as despesas num patamar que você, como empreendedor e fundador da companhia, sente que deveria ficar. Os "cupins" começam a se infiltrar e, quanto maior for a abrangência da política de gabinete, mais difícil se torna manter os cupins a distância.

O que são cupins?

Os cupins são pequenos insetos que corroem você...
Traçam seu caminho em coisas escondidas e mastigam e mastigam e mastigam...
Eles sobrevivem se aproveitando daqueles erros que você possa ter cometido...
Você não pode detê-los porque eles estão dentro da lei...
Os cupins se reproduzem na primavera, quando o amor está por toda parte.
Eles também se desenvolvem nos negócios, disso não há dúvida...
Para matá-los, você os expõe, expulsa-os de sua mente.

Torne a sua memória à prova de cupins, a morte deles precisa se dar a tempo...
*Você matou o pequeno ******, de verdade.*
Você limpou sua mente para pensar nas coisas que o fizeram vencer...
Você tem certeza de que é bem-sucedido, você batalhou corajosamente.
Você tornou seus pensamentos à prova de cupins antes que eles abrissem um buraco...
Os cupins são pequenos insetos que o devoram,
Você tirou o alimento deles e os matou, isso é verdade...
Mas os cupins são grandes reprodutores, eles não deixam de reproduzir sua espécie...
Por isso fique atento para que eles não voltem a atacar seus pensamentos!

Este poema simples e talvez um pouco tolo refere-se aos gastos que não parecem trazer conseqüências ou ter importância porque são considerados pequenos. Mas, em conjunto, eles penetram nas estruturas do seu negócio e se tornam destrutivos. Esse poema descreve um inseto que, por sua incrível capacidade de destruição, faz as pessoas gastarem, por ano, milhares de dólares para erradicá-lo de suas casas e empresas. Todos nós sabemos que o cupim pode causar a derrocada de toda uma estrutura.

E o que fazemos com relação aos cupins que moram na estrutura do nosso negócio? Não nas instalações físicas ou nos prédios, mas no entendimento mais completo de como gerir um negócio?

Os cupins que devoram a sua empresa podem se compor de várias coisas. Eles geram despesas gerais elevadas e desnecessárias. Os cargos administrativos extras no quadro organizacional são outra coisa com que se deve tomar cuidado. A má administração do tempo é um cupim também.

Um amigo que tinha uma oficina veio me procurar e perguntou:

–Você poderia vir comigo e me dar uma explicação para uma coisa que está acontecendo? Abri um negócio e consegui muitos clientes, mas não estou ganhando dinheiro com isso.

Bem, fui dar uma espiada na empresa dele. Ele tinha razão. O pátio estava cheio de equipamentos quebrados que precisavam de conserto. Eu fiquei observando meu amigo enquanto ele agradecia aos clientes por trazer seus objetos quebrados. Ele ficava um tempo conversando com cada um que trazia alguma coisa para consertar. E gastava mais um certo tempo com eles, quando vinham retirar o equipamento. Perdia um bom tempo atendendo ao telefone. E cuidava da caixa registradora. Ele só não gastava tempo suficiente no conserto dos equipamentos. Tratava-se de uma empresa de um só homem exercendo todas as funções. Entretanto, a única coisa que lhe renderia dinheiro era, na verdade, os consertos.

Não levei mais de dez minutos para detectar o que eu acreditava que fosse seu maior cupim, a má administração do tempo. Sugeri que ele arranjasse alguém para ajudá-lo no balcão, atendendo os clientes, agradecendo-lhes e atendendo ao telefone. Ele precisava aproveitar sua especialização no conserto dos equipamentos. O custo que teria ao contratar alguém por meio período seria mais do que coberto pelo aumento do número de consertos que ele estaria livre para executar. A lição que esse senhor aprendeu é que, se você supervalorizar sua estratégia e subestimar a execução na hora de tocar seu negócio, isso vai lhe trazer cupins.

Você precisa manter o controle do seu negócio, porque, se não fizer isso, ele vai controlá-lo. É fácil para alguém dizer: "Por que você não aluga este computador? São só trezentos dólares por mês". Ou: "Por que você não faz um *leasing* deste carro em vez daquele? São só cem dólares a mais". Você precisa usar seu discernimento para analisar todos os seus custos.

Quando você dirige uma grande empresa com muitos níveis de administração, fica mais difícil controlar os gastos em todos eles. É por isso que você tem de treinar seus administradores e funcionários para que entendam, desde o princípio, a importância de manter as despesas no patamar mínimo e vigiar todos os custos. Cada moeda poupada vai direto para o fechamento do balanço. Parece simples, não é? Bom senso, não é mesmo? Por que eu menciono isso se é uma coisa que você já sabe? Isso é tão antigo e básico como o tempo. Todos sabem como é ser moderado em relação ao dinheiro. Mas se digo isso é porque você precisa reforçar continuamente essa filosofia. Nem todos têm uma participação financeira na empresa e, como não é o dinheiro deles que está investido, eles não se preocupam tanto em evitar despesas desnecessárias.

Muitos empregados de corporações têm uma postura irreverente com relação ao dinheiro da organização. Afirmações como: "Ora, são apenas mil ou cinco mil dólares", refletem essa postura equivocada, porque todos esses dólares gastos a mais farão diferença no final. Cinco mil dólares poupados vinte vezes totalizam cem mil dólares. É importante prestar atenção nas despesas pequenas, esteja você trabalhando numa empresa de quinhentos milhões de dólares ou iniciando um negócio, sem ter vendido nada ainda. O dinheiro perdido é um cupim, quer tenha sido detectado ou não. Telefonemas desnecessários constituem um desperdício, usar o Sedex em vez do correio normal quando não se trata de uma emergência, empregados não-produtivos... são todos eles cupins que devoram, no fechamento do balanço, os lucros do seu negócio.

Certa manhã, eu tinha uma reunião com dois membros do conselho executivo e havia uma questão relacionada com a não-aprovação de um item de despesa.

Precisei perguntar a um deles: "De que modo uma assinatura do *Jornal de Esportes* o auxilia em seu trabalho?"

Um outro presidente de empresa, cuja companhia estava perdendo dinheiro, não podia entender como a despesa com dois jantares em Las Vegas, no valor de mil e quinhentos dólares, tinha sido rejeitada. Não compreendia também por que uma conta de celular no valor de quinhentos dólares tinha sido indeferida. Não que essas despesas não pudessem ter sido justificadas ou não houvesse motivos para elas; trata-se apenas de economia; quando você está perdendo dinheiro, ou a empresa está começando, você não gasta ***nenhum*** dinheiro que possa ser economizado. Ele não conseguia entender que esse tipo de despesa exercia um impacto direto no fechamento do balanço da companhia que ele estava administrando. Todos os itens de despesa precisam ser examinados minuciosamente para que os cupins sejam controlados.

Os fundadores e edificadores de qualquer empresa, não importa o tamanho dela, lembram-se de quantas dificuldades tiveram no início e os sacrifícios necessários para serem bem-sucedidos. Eles precisavam estar atentos aos "cupins". Precisavam investir constantemente seus ganhos no negócio e conservar, vigiar e economizar cada centavo. Foi preciso muito trabalho árduo, expedientes longos, comprometimento total e extrema responsabilidade com relação a eles mesmos e a seus credores. Eles gastavam o mínimo possível para poder sobreviver.

Depois que você "chegou lá", convém não se esquecer nunca de onde você veio. Nunca perca aquela sensação de ser "pobre". *Nunca fui motivado pelo desejo de ser rico, mas sim pelo medo de ser pobre.*

Muitas pessoas passam pela vida gastando cada tostão que ganham, sem pensar jamais em poupar ou moderar os gastos. Elas esperam que alguma pessoa os socorra numa emergência, quando tiverem algum problema de saúde grave ou mesmo na aposentadoria. Poupar para períodos de vacas magras, para a faculdade ou para imprevistos é uma obrigação de todos. Não importa quanto dinheiro você tenha ou quanto pensa que vai herdar. As pessoas que acham que são ricas hoje podem vir a descobrir que a inflação ou os impostos acabaram com a possibilidade de viverem confortavelmente no futuro.

A falácia de esperar que o governo ou sua empresa façam tudo por você só vai lhe causar decepções. Uma boa fórmula para lidar com esse problema é ter plano de aposentadoria, seguro empresarial (ou contra desemprego) e economias pessoais para a terceira idade. A hipoteca da casa, os divertimentos e extras devem ser pagos durante seus anos de trabalho.

Os empregados precisam entender o que é o lucro

As pessoas que trabalham em empresas batem cartão todos os dias, chegam no horário, contribuem com suas horas de trabalho e então voltam para casa. Desde que executem seu trabalho com eficiência, elas esperam que o patrão lhes pague o salário em dia, forneça-lhes benefícios, dê aumentos a elas e continue no negócio para que elas possam ter um trabalho aonde ir todos os dias. Essas são expectativas razoáveis.

Mas os empregadores também devem esperar que seus empregados compreendam o significado do lucro empresarial. É por isso que o controle dos cupins é tão importante. Para que uma empresa seja bem-sucedida, deve-se vigiar cada centavo e cada despesa. A saúde financeira de uma empresa deve ser do conhecimento geral dos empregados. É uma boa idéia manter sessões de treinamento focalizando os lucros da companhia em todos os níveis. Os empregados devem saber quanto custam para a empresa. Devem entender que seu salário, benefícios, férias, licenças por problemas de saúde, previdência social, seguro, aposentadoria, bônus e outras gratificações são despesas. Eles devem saber que o dinheiro que levam para casa não é o único custo que representam para a empresa.

Precisamos manter nossos empregados constantemente treinados para pensar ponderadamente sobre suas funções, sem perder de vista que, à medida que a empresa cresce e prospera, eles terão oportunidade de crescer e prosperar com ela. Mas, se o empregado esbanjar dinheiro e outros "cupins" fugirem do controle, estarão colocando em risco o próprio emprego e o de outros também. Cuidado com as pessoas com padrões duplos de comportamento. Ou seja, achar que todos os demais devem conter as despesas, exceto elas mesmas. Essas pessoas esperam que todos fiquem atentos ao equilíbrio das contas, mas consideram normais as próprias despesas. Elas realmente não apostam na moderação financeira e na manutenção de uma cultura. Elas são exageradamente egocêntricas ou egoístas para desistir de alguma coisa.

Reflita sobre os mandamentos que vêm a seguir para ajudá-lo a lembrar-se do verdadeiro significado da moderação:

Os dez mandamentos da moderação

1. Gastarás o dinheiro da empresa como se fosse o teu.
   (Eu gastaria esse dinheiro se ele fosse meu?)
2. Assegurar-te-ás que todos os custos serão cobertos por teus benefícios.
   (Os resultados compensarão os custos?)

3. Evitarás extravagâncias.
   (Isso poderia ser feito com menos despesas?)
4. Procurarás assegurar-te que, para cada tostão gasto, o lucro será tua recompensa.
   (Isso vale a pena?)
5. Escolherás o momento ideal para contrair despesas.
   (É este o momento mais conveniente?)
6. Escolherás as alternativas que ofereçam o melhor retorno para o teu investimento.
   (Seria mais barato fazer de outro jeito?)
7. Usarás o mais eficiente e efetivo meio de comunicação.
   (É preciso fazer uma ligação telefônica ou um e-mail é suficiente?)
8. Planejarás todas as viagens para minimizar os custos e atingir todas as metas.
   (Planeje as viagens de modo a cobrir todas as áreas de treinamento e reforço e faça todas as visitas necessárias a lugares e clientes de modo a minimizar os custos. Em vez de passar dois dias numa determinada cidade esta semana, voltar para a empresa e, depois de uma semana, ir para uma localidade vizinha, faça uma viagem de quatro dias que inclua todas as visitas das redondezas. Isso diminui as despesas com viagens e você ainda visita todos os seus clientes.)
9. Somente exigirás dos outros o que tu exigirias de ti mesmo.
   (Não peça a ninguém para fazer qualquer coisa que você mesmo não faria nem estabeleça um padrão duplo para você. Nossos subordinados farão o que nós fazemos.)
10. Mostrarás aos outros os cupins existentes e eles os mostrarão a ti.
    (Mostre os custos de combustível, de hotel, de restaurantes, de gorjetas, etc. Estabeleça encargos e despesas aceitáveis para viagens.)

O dinheiro representa 80% do negócio

Conseguir dinheiro para iniciar um negócio é a coisa mais difícil do mundo. Alguém com uma boa idéia na cabeça pode procurar alguém que tenha dinheiro e lhe dizer: "Se você me der o dinheiro e me orientar, eu lhe darei 20% de todo o negócio". Essas pessoas não compreendem o mundo real. O dinheiro sempre representa pelo menos 80% do negócio. Isso simplesmente é um fato. Negociar uma porcentagem menor é uma decisão sua, mas saiba que uma porcentagem menor de alguma coisa certamente será melhor do que uma porcentagem maior de coisa nenhuma.

Negócios bem-sucedidos são construídos aos poucos. Para montar um negócio, um empreendedor precisa começar com um negócio pequeno, manter uma despesa baixa e investir na empresa. Sempre reinvista o dinheiro na empresa. Não retire seus ganhos até que seu negócio atinja o ponto que você tinha em mente.

Nossas empresas começaram pequenas. Nossa primeira franquia de *pizza* começou num espaço alugado que media seis metros quadrados e tinha uma estrutura de madeira. Tínhamos seis mesas e oito cadeiras. Preparávamos a massa à mão, depois a estendíamos com um rolo manual e a assávamos num velho forno que nem mesmo tinha sido construído para assar na temperatura exigida. Não demorou muito para que ele queimasse. Só tínhamos um tipo de *pizza* — um disco fino com diferentes coberturas — e vendíamos bebidas em garrafas. Esse era todo o nosso cardápio. Trabalhávamos com uma filosofia muito simples: qualidade, atendimento e limpeza.

Eu tinha outro emprego, numa companhia de seguros, mas depois do expediente ajudava na pizzaria, limpando as mesas e ficando no caixa. Fazendo eu mesmo parte do trabalho, era possível evitar a despesa que representaria a contratação de mais empregados.

Nós não mexíamos nos ganhos da empresa. Não retirávamos o dinheiro para usá-lo com gastos pessoais; nós continuávamos reinvestindo. Melhoramos nossas instalações, modernizamos nosso equipamento e, finalmente, abrimos filias. Nos últimos 33 anos, abrimos algumas centenas de restaurantes nos Estados Unidos e chegamos a abrir novas franquias no mundo todo. Somos tanto franqueadores quanto franqueados. Compreender a psicologia dos dois lados do sistema de franquia é um conhecimento valioso. Enxergar os dois pontos de vista é especialmente benéfico durante as negociações.

Uma de nossas fábricas começou do mesmo modo. Partimos de um estabelecimento pequeno com um mínimo de equipamento. Aplicando a filosofia do reinvestimento e do controle de despesas, nós nos tornamos fornecedores em âmbito nacional.

Fomos bem-sucedidos ao manter a mesma abordagem moderada com que começamos. Essa filosofia nos tem prestado bons serviços e continuamos a usá-la nas outras empresas que começamos. Já que funciona, não existe motivo para modificá-la.

Uma das armadilhas da compreensão e da prática da moderação é que você desenvolve suas características e elas ficam tão entranhadas em sua natureza que, quando você é bem-sucedido e finalmente chega o momento de aproveitar o seu sucesso, já não sabe como fazer isso. Gastar não é importante para você ou, então, sua moderação tornou-se parte tão integrante do seu ser que você realmente não deseja fazer nenhuma extravagância.

4

Quer Isso lhe Agrade ou Não, o Governo Influi em Seus Negócios

O governo e a política afetam os negócios de inúmeras formas e, como muito já foi escrito sobre esse assunto, vamos tratá-lo de modo breve. Este livro, entretanto, não estaria completo sem uma menção ou uma visão panorâmica de um dos fatores básicos que influenciam nos negócios: o governo.

As decisões tomadas pelo governo em todos os níveis, particularmente com relação às taxas e impostos, afetam os negócios. Quanto mais impostos e taxas são criados, mais difícil se torna ajustar essas taxas ao mundo dos negócios.

Os políticos e o Congresso dos Estados Unidos estão todos interessados em conhecer o ponto de vista do contribuinte com relação ao sistema tributário. Evidentemente, a maioria é contra os impostos, mas o número crescente de pessoas que solicitam e esperam serviços prestados pelo governo exige impostos mais altos. Isso acaba resultando na decisão de elevar os impostos e suprir essas necessidades ou baixar os impostos, cortar gastos e deixar algumas pessoas em dificuldades a fim de cobrir a diferença. Não precisamos entrar num debate sobre impostos e cortes de despesa, mas precisamos falar sobre a maneira como os impostos realmente afetam nossa economia.

O governo dos EUA mostrou disposição para cortar impostos na esfera federal. Entretanto, ele ainda cria certos programas, chamados *unfunded mandates*, que precisam ser mantidos de alguma maneira, já que não contam com destinação de verba específica, e cada vez mais recai sobre os governos estaduais e municipais a tarefa de alterar sua estrutura de impostos para atender a essas exigências.

O sistema tributário, em qualquer esfera do governo, afeta os negócios. Taxas municipais altas causam alguns problemas principalmente para as pequenas empresas. Uma lei federal que cria encargos mas não garante os recursos necessários para que sejam cumpridos, obriga os governos locais a elevar os impostos.

É o caso do Americans With Disabilities Act, ato promulgado no começo dos anos 90 que obriga todos os edifícios públicos a ter acesso para deficientes. Ora, essa é uma lei justa. A maioria das pessoas concorda que os prédios precisam ser mais acessíveis aos portadores de deficiência física. Entretanto, essa é também uma lei dispendiosa cuja execução não tem sido financiada pelo governo federal.

No município onde moro, a câmara de vereadores viu-se na contingência de votar um imposto sobre a circulação de mercadorias para pagar a renovação e o conserto de várias instalações antigas, que não tinham acesso para deficientes. As instalações estavam em mau estado e precisavam ser substituídas, mas um dos principais motivos para a criação do imposto sobre a circulação de mercadorias era a necessidade de se colocar essas instalações dentro dos padrões exigidos pela lei relativa aos portadores de deficiência física. O município empenhou-se para fazer passar o imposto, que foi aprovado por 3 votos contra 1.

Quase na mesma ocasião, nossa comissão distrital precisou decidir como arranjar fundos para a construção de uma nova prisão determinada por um órgão governamental superior. A comissão distrital deu aos eleitores a opção de votar a favor de um imposto sobre a circulação de mercadorias ou arcar com impostos sobre propriedades mais altos. Os eleitores preferiram aprovar o imposto sobre a circulação de mercadorias.

Com esses dois impostos sobre a circulação de mercadorias, os cidadãos do município tiveram de pagar um centavo a mais por dólar gasto. Dito assim, não parece muito, mas pense no aumento que esse imposto representa na hora de comprarmos um carro, um equipamento ou algum outro bem durável.

O município em que moro localiza-se a uma distância de apenas doze quilômetros da fronteira com o Estado do Missouri. O imposto sobre a circulação de mercadorias e sobre as propriedades no Missouri é bem mais baixo do que em nosso município. Aí é que surge a dificuldade... as empresas estabelecidas no município em que moro, que vendem carros, equipamentos ou bens duráveis, muitas vezes têm concorrentes a pouca distância vendendo as mesmas mercadorias com preços mais baixos.

Se esse tipo de sistema tributário continuar assim, e há bons indícios de que isso ocorra, os municípios, os distritos e os Estados terão taxas de impostos muito diferenciadas. No Texas, em Nevada e na Flórida, o imposto de renda não incide sobre a pessoa física. O que isso provoca nos negócios?

Numa sociedade em crescente mobilidade, já estamos vendo os efeitos. Grandes indústrias, já estabelecidas, estão fechando suas fábricas e lojas nas áreas em que a taxação é maior e transferindo-as para áreas com incidência menor de impostos. As novas empresas e indústrias procuram se estabelecer em municípios com impostos e taxas menores.

Os impostos, portanto, têm uma tremenda influência na hora de decidir sobre o local em que você vai montar sua empresa ou expandir seu negócio. Se estiver começando um novo negócio, você precisa observar cuidadosamente a atual estrutura fiscal e usar a intuição para tentar prever as mudanças que possam ocorrer na cobrança de impostos nos próximos anos.

Os impostos sobre ganhos de capital dificultam a expansão e o desenvolvimento das empresas. As taxas ligadas ao óbito (impostos que incidem sobre herança e propriedade) corroem fortunas acumuladas no correr de anos de trabalho árduo e de economia (mesmo que todos os outros impostos tenham sido pagos). Em alguns casos, a fortuna inteira pode ser perdida com a venda forçada de ativos por valores abaixo do valor de mercado, apenas para pagar despesas decorrentes do falecimento. Embora algumas taxações sejam justificadas ou necessárias, é bom lembrar que *todos os impostos reduzem a atividade econômica e aumentam o gasto do governo.* Isso é um fato, não importa quais sejam seus interesses políticos ou sociais.

Esteja sempre a par das ações do governo

Dirigir um negócio toma muito tempo, entretanto, as atividades governamentais não podem ser ignoradas pelos donos de empresas. As pessoas ligadas ao mundo dos negócios precisam acompanhar de perto o que está acontecendo em seu setor e se preparar para absorver o impacto causado pelas decisões de âmbito municipal ou estadual. Isso é lógico e cabe a você manter-se informado. Comunique-se com deputados e vereadores. Mantenha-se a par da legislação que afeta os seus negócios e da que se refere às questões ligadas ao seu interesse financeiro, aos impostos, à educação, ao trabalho e ao meio ambiente.

Repito mais uma vez, o ativismo comunitário é essencial. Uma das melhores maneiras de enfrentar as decisões governamentais é concorrer a um cargo público. É compreensível que isso não seja para todo mundo e, de fato, algumas vezes não é uma boa idéia que empresários ligados a alguns ramos de negócio disputem um cargo público.

Se ocupar um cargo público não é para você, há um outro bom modo de enfrentar decisões governamentais... seja um membro ativo do grupo lobista empresarial da sua região, a Associação Comercial.

A Associação Comercial tem por função promover os interesses de seus membros. Uma associação ativa e progressista depende de associados ativos e progressistas.

Participe de grupos que ajam em nome de seu ramo de negócio ou indústria. Procure se inteirar das atividades desse grupo. Procure saber se os seus representantes refletem seus interesses e valores.

"Lobbies" ou "Grupos de interesse" não são vilões

Os lobistas e os "grupos de interesse especial" têm sido extremamente criticados nas últimas décadas por exercer demasiada influência sobre membros do executivo e do legislativo. Alguns desses grupos lobistas participaram reconhecidamente de práticas antiéticas, o que torna os parlamentares cautelosos e desconfiados.

Não se esqueça, entretanto, de que o governo dos EUA baseia-se na representação de nossos interesses e idéias por certos indivíduos. Já que não é possível que cada cidadão viaje até a capital do seu estado ou à capital da nação para dar seu voto a cada questão, o nosso voto é dado a um indivíduo que julgamos ser o que melhor representa os interesses e ideais que mais prezamos. Infelizmente, nem toda pessoa eleita é aquela que, individualmente, achamos que melhor nos representa. Mas este é o sistema e todos nós precisamos atuar dentro de seus limites.

Os grupos de interesse são uma extensão desse processo representativo. Temos de admitir, existe força num grupo numeroso. Um grupo de pessoas agindo em conjunto pode exercer um impacto maior em nossos representantes eleitos do que uma pessoa isoladamente. Os grupos de interesse só ultrapassam os limites quando se ligam a práticas ilegais ou antiéticas, como a "compra" de votos. Não defendo essa prática de maneira nenhuma. De fato, eu creio que precisamos de grupos de interesse especial que tenham os mesmos padrões éticos elevados que nós mesmos procuramos manter.

Temos a responsabilidade de nos tornar uma voz ativa em nosso governo e suas questões. Votar é o primeiro passo. Entretanto, se estiver realmente interessado em melhorar a sua qualidade de vida e a das futuras gerações, é preciso que você vá mais além.

Procure conhecer os membros do conselho da sua cidade, seus vereadores, deputados estaduais e federais. Escreva ou telefone para eles para falar sobre as questões que mais o preocupam. Eu mesmo, que já ocupei cargos do governo, sei que a maioria das pessoas não se dá o trabalho de escrever ou telefonar para expressar sua opinião, embora elas possam ser extremamente críticas depois que o voto é dado. Eu dei atenção a todas as pessoas que escreveram para mim pessoalmente ou me ligaram para falar a respeito de alguma questão. Posso não concordar com suas posições, mas aprecio o fato de terem investido tempo e se esforçado para entrar em contato comigo. Qualquer pessoa com coragem para expressar aos seus representantes suas opiniões sobre determinada questão sobe muito no meu conceito.

Um visitante do passado

Outra noite tive um sonho que não entendi.
Uma figura caminhava em meio à névoa, com uma antiga espingarda na mão.
Suas roupas estavam rasgadas e sujas, quando o vi ao lado da minha cama.
Ele tirou da cabeça seu chapéu de três pontas e, em voz baixa, disse:

"Fizemos uma revolução para assegurar nossa liberdade.
Escrevemos a Constituição como um escudo contra a tirania.
Deixamos esse legado para as gerações futuras,
Nesta, que é a terra da liberdade e o lar dos destemidos."

"A liberdade que asseguramos a você, esperávamos que a conservasse para sempre.
Mas tiranos trabalharam incansavelmente enquanto seus pais dormiam.
Sua liberdade se foi, sua coragem se esvaiu, você não passa de um escravo,
Nesta, que é a terra da liberdade e o lar dos destemidos".

Seu poder de compra lhe permite viajar e lhe permite ter sua própria arma.
Você pode abrir um negócio ou abrir espaço para um.

Da terra que julga possuir, você paga um aluguel anual,
Embora você não possa decidir de que modo será gasto o dinheiro.

"Seus filhos têm de freqüentar uma escola que não educa.
Seus valores cristãos não podem ser ensinados de acordo com o Estado.
Você lê as notícias de hoje numa imprensa contida.
Você paga um imposto que não deve para agradar ao órgão arrecadador."

"Seu dinheiro não é feito mais de prata ou de ouro.
Você troca sua riqueza por papéis, e assim sua vida pode ser controlada.
Você paga pelo crime que faz uma nação envergonhada fugir de Deus.
Você assumiu o papel de Satanás quando negociou em seu nome."

"Você deu o controle do governo para aqueles a quem você prejudicou,
Assim eles podem trancar as igrejas e roubar a fazenda da família.
E conservar o país profundamente endividado, e pôr homens de Deus na prisão.
E atormentar seus conterrâneos, enquanto os tribunais corruptos prevalecem."

"Seus servidores públicos não cumprem o juramento solene que fizeram.
Suas filhas visitam médicos e assim seus filhos deixam de nascer.
Seus líderes enviam artilharia e armas para praias distantes,
E mandam seus filhos para o massacre, lutando a guerra de outros povos."

"Será que você consegue recuperar a liberdade pela qual lutamos e morremos?
Ou não tem a coragem ou a fé para manter-se firme e orgulhoso?
Não existem mais valores pelos quais você deva lutar para salvar?
Ou você pretende que seus filhos vivam rodeados de medo e sejam escravos?

"Povo da República, levante-se e tome posição!
Defenda a Constituição, a Suprema Lei do país.
Preserve nossa Grande República e os direitos conferidos por Deus.
E reze para que Deus mantenha a tocha da Liberdade acesa!"

Quando acordei, ele tinha desaparecido, na névoa de onde viera.
Suas palavras eram verdadeiras. Não somos livres, e a culpa é nossa.
Mesmo agora, enquanto os tiranos ignoram cada direito a nós concedido por Deus,
Apenas olhamos e estremecemos, amedrontados demais para nos levantar e lutar.

Se ele ficar ao lado de sua cama, num sonho, enquanto você dorme,
E ficar se perguntando sobre o que restou dos direitos pelos quais ele lutou por conservar,
Qual será sua resposta, se ele, do túmulo, lançar-lhe um brado de desafio:
"Esta é ainda a terra da liberdade e o lar dos destemidos?"

Há uma razão para o governo trabalhar lentamente

Ao mesmo tempo que nos queixamos de que o governo está "paralisado" ou é muito lento em suas reações, é bom lembrar que há uma razão determinante para que a tramitação de novas leis seja lenta. Temos um sistema de governo que exige exames e avaliações, em todo o percurso, para tentar assegurar que as leis promulgadas sejam as melhores possíveis.

Se uma lei dependesse de uma só pessoa ou de apenas um grupo legislativo, sem passar por discussões ou emendas, teríamos muito mais leis publicadas do que temos, e também muito mais leis perniciosas. Na verdade, mesmo com o processo moroso que temos agora, ainda passam algumas leis nocivas. Esse índice, porém, é limitado pelo fato de cada projeto de lei ter de passar por muitos "postos de controle".

Nós, como eleitores e cidadãos, temos a oportunidade de reverter leis ou legislações específicas que julguemos prejudiciais. Podemos fazer isso por meio do exercício do nosso direito de voto e tendo voz ativa em nosso governo.

O direito dos cidadãos de trazer questões para serem votadas por meio de plebiscitos ou de propor mudanças por meio de petições é algo que deveria ser assegurado por lei. Deixar que as pessoas votem em questões que as interessam é a mais pura forma de democracia. Por petição ou prerrogativa, é do maior interesse de nossos cidadãos permitir que o governo ouça a voz do povo.

Assim como o tempo de tramitação dos projetos de lei deveria ser determinado por lei, a reforma do judiciário também deveria acabar com as brechas que impedem que a justiça prevaleça. As vítimas deveriam ter mais direitos, não menos do que os criminosos.

Para onde caminha uma sociedade que trabalha contra a livre-iniciativa e os valores e direitos de seu povo? Alguém disse que, se toda a riqueza for dividida igualmente, as mesmas pessoas que a detêm agora gradualmente a retomarão.

5

Emoção — o Novo Indicador Econômico

Quando você menciona indicadores econômicos, a maioria das pessoas pensa no índice das Bolsas de Valores, no índice de desemprego, da inflação, das vendas no varejo, etc., e essas pessoas estão certas. Além desses, há muitas outras coisas tangíveis, como a dívida pública e a taxa de juros, que servem como indicadores econômicos.

Entretanto, um indicador novo e difícil de aceitar está surgindo com toda a força no cenário econômico: a emoção. Seu impacto no mundo atual não tem precedentes. A emoção está desempenhando um tremendo papel na percepção das condições econômicas e do nosso comportamento ou reação à economia.

Esse indicador de compra é controlado pela maneira como estamos nos sentindo interiormente. Você vê isso acontecer vezes sem conta. As autoridades lhe fornecem todos os indicadores econômicos que demonstram que a economia estaria reagindo positivamente. As vendas, entretanto, despencam. Então eles apresentam indicadores econômicos negativos e as vendas crescem. Quando todas as autoridades dizem que a recessão está surgindo, os números mostram que as pessoas estão comprando mais bens duráveis e gastando mais dinheiro. É uma loucura! O que realmente está conduzindo nossa economia?

Muitas vezes as pessoas resolvem comprar e vender no mercado de ações com base em seu estado emocional, não necessariamente nas condições econômicas. Isso é especialmente evidente no varejo básico, quando você tem produtos acabados *versus* dinheiro depositado em poupança ou aplicações.

Os empresários costumam observar os indicadores econômicos para projetar o desempenho futuro de seus negócios e saber quais são as mudanças necessárias para torná-los mais rentáveis. Não dá para projetar a emoção. Você pode reunir todos os indicadores econômicos e avaliá-los do jeito que quiser, mas isso não vai adiantar nada se os cidadãos do seu país decidirem que, neste ano, vão comprar um carro novo em vez de comprar a mercadoria que você produz. Talvez eles decidam que este é o ano em que irão ao cinema em vez de ficar em casa e alugar fitas de vídeo. Tudo depende mais de como o público "sente" a economia, e não do que ela realmente é.

Assim... essa é uma mudança. É onde realmente a intuição entra em jogo. Quando pensamos no futuro, precisamos ser capazes de agir rapidamente, de acordo com a emoção do público.

Adivinhe mais uma vez! Como você vai determinar que reações irá observar para saber o que o público "sente"? É uma questão de sorte!

Você precisa começar um processo de avaliação. Comece por manter registros das reações observadas diante dessa ou daquela notícia. Quais os outros fatores que desencadearam essa reação. Complicado? Pode apostar que sim! Você também precisa anotar de que forma nós modificamos nosso exame das perspectivas, a linguagem dos órgãos públicos ligados à economia, as regras bancárias, a Renda Nacional Bruta... e assim por diante. Acho que você me entendeu.

6

A Realidade do Investimento

Antes de investir em qualquer coisa, pesquise e mantenha-se informado. Conheça aquilo em que for investir. Não se fie na palavra de outra pessoa, especialmente na de quem está vendendo o objeto do investimento; ela vai mentir para você. Lembre-se da minha história sobre meu "relógio caro".

A idéia por trás do fato de investir é que o produto ou "coisa" em que está investindo vai valorizar. A especulação e o risco fazem parte do investimento e há muitas oportunidades para se ganhar dinheiro... ou ir à falência.

Você pode investir num comércio varejista. Pode investir numa farmácia. Pode investir em ações, metais preciosos, petróleo, imóveis, etc.

Há muitos modos de investir em imóveis. Você pode comprar imóveis para arrendar ou alugar, dos quais passa a ter a propriedade e cujo uso é cedido a outros mediante pagamento. Você pode comprar imóveis para investir, e nesse caso estará comprando uma parte de uma propriedade, seja de um edifício ou de uma terra, para esperar que valorize.

Imóveis nem sempre são um bom negócio

Infelizmente para muitas pessoas que compraram propriedades quando elas estavam valorizando, o *boom* dos imóveis acabou. A venda do banco da habitação e o fechamento de muitos outros bancos exerceram um impacto tremendo sobre o valor dos imóveis. E continua exercendo, porque não só é difícil conseguir um empréstimo, como os bancos estão exigindo prestações cada vez mais altas.

Investir em prédios comerciais costumava ser mais fácil do que é hoje. As pessoas os compravam e depois os alugavam até que eles depreciassem. Por causa da depreciação, os proprietários pagavam impostos mais baixos. Quando as propriedades paravam de depreciar, eles podiam vendê-las e recuperar o capital investido (ganhos de capital *versus* imposto de renda). Agora é mais difícil encontrar compradores porque é difícil conseguir empréstimo.

Se você estiver procurando um imóvel para alugar, precisa ter um fluxo de caixa que cubra todas as despesas, tanto as fixas quanto as operacionais. Você precisa examinar a porcentagem de ocupação e certificar-se de que consegue extrair do espaço arrendado o suficiente para cobrir esses custos. Antigamente isso era mais fácil de fazer. Em muitos casos, você conseguia um imóvel com prestações baixas. Muitas vezes os concessores de empréstimo só exigiam, nos dois primeiros anos, o pagamento dos juros, dando tempo para que o proprietário conseguisse a ocupação completa antes de pagar a dívida em si. Esse tipo de empréstimo é muito difícil de encontrar nos dias de hoje.

Você pode investir em imóveis de inúmeras formas. Pode comprar terras, dividi-las em lotes e vendê-las para a construção de casas. Pode comprar um terreno para construir um *shopping*. A chave para o investimento bem-sucedido no varejo é encontrar o mercado apropriado para esse tipo de negócio. Evidentemente, você precisa certificar-se de que o terreno que comprou está localizado numa zona em que seja permitido abrir o negócio que você tem em mente. Repito mais uma vez, pesquise.

As fazendas, agora, provavelmente não são um bom investimento. Na verdade, estou tentando vender a maior parte das fazendas que possuo. Muitos fazendeiros têm me dito que a situação está difícil para eles. Uma vez mais eu lhe digo, onde há mudança há oportunidade. Muitos empreendedores estão descobrindo meios de ganhar dinheiro por intermédio de grandes corporações agrícolas.

Tome cuidado com os metais preciosos

Investir em metais preciosos é uma preocupação para mim. Estou convencido de que o mercado de metais preciosos precisará fazer uma grande correção no seu curso nos próximos anos. Ele só faz sentido porque os metais preciosos não têm um valor intrínseco. Esse mercado não sustenta nenhuma moeda. Não sustenta sistemas monetários. Que valor ele tem? Só tem valor para as jóias decorativas! Não consigo ver até que ponto aqueles especialistas que dizem que o ouro vai chegar a um dólar a onça realmente sabem do que estão falando.

Essa também é a situação das pedras preciosas. A empresa que controla o mercado de diamantes tem salas lotadas dessas pedras. Elas estão estocadas para manter seu valor lá no alto. Se eles liberassem todas no mercado, o preço poderia cair, e então poderíamos ter anéis com grandes brilhantes fulgurando no dedo.

Se alguém quiser lhe dar uma barra de ouro ou um diamante, aceite sem pestanejar. Mas, se for para investir nesse mercado, pense duas vezes.

7

Há Muitas Oportunidades no Mercado Internacional

O mercado internacional proporcionou uma nova fronteira para os empreendedores pioneiros explorarem e espaço para a expansão dos negócios e maximização do seu potencial. Juntamente com novas oportunidades empolgantes, entretanto, o desenvolvimento de empresas no estrangeiro também apresenta novos desafios e um novo conjunto de regras e regulamentações.

A minha primeira batalha fora dos Estados Unidos foi, como mencionei antes, a franquia de uma distribuidora de alimentos no varejo em Vancouver, no Canadá. As leis locais estabeleciam que uma porcentagem da companhia deveria pertencer a cidadãos daquele país. Essa é uma lei muito comum, com a qual tivemos que trabalhar também em outros países. Essa exigência para proprietários nativos desafiou-nos a descobrir um sócio canadense que não conhecíamos antes do empreendimento. Evidentemente é muito importante conhecer seus associados. Para compensar essa falta de conhecimento, precisamos ser muito cuidadosos com o nosso contrato, estabelecendo por escrito um conjunto completo e específico de cláusulas para a sociedade. Ao relacionar e cobrir todas as contingências possíveis, tentamos evitar qualquer desentendimento futuro ou, pior ainda, qualquer processo judicial. É muito difícil fazer sociedades darem certo. Tenho dito com freqüência que elas nunca dão certo. Naquele momento, estávamos numa situação em que tínhamos de extrair o melhor de uma sociedade na qual nem ao menos conhecíamos o sócio.

Sofremos um novo desafio nesse projeto quando começamos a procurar por fornecedores dos ingredientes que usávamos. Já que se tratava de uma franquia, havia muitas exigências rígidas com relação à qualidade, apresentação, atendimento e marca. Tudo precisava ser padronizado e duplicado de acordo com as exigências da franqueadora. Entretanto, por causa das restrições e embargos do departamento de saúde, que impediam o embarque internacional de muitos produtos alimentícios, era impossível importar nossos ingredientes dos EUA. Assim, naturalmente, precisávamos comprá-los no Canadá.

As variações existentes entre os ingredientes disponíveis nos EUA e os existentes no Canadá e as restrições da franquia deixavam as questões ainda mais complicadas. A quantidade de gordura de um ingrediente, por exemplo, precisava ser modificada para ficar de acordo com as leis canadenses. Era preciso fazer muitas concessões, o que significava que isso podia alterar significativamente a qualidade do produto. Precisávamos manter a qualidade final do produto tão próxima quanto possível do original e também aceitável para o consumidor. Embora estivéssemos a apenas algumas centenas de quilômetros dos Estados Unidos, era como se estivéssemos a milhares.

Nesse empreendimento em especial, não havia maiores problemas com relação a imóveis, locações, equipamentos e marketing. A linguagem era a mesma e havia cooperação entre o Canadá e os Estados Unidos. Nosso empreendimento internacional funcionou bastante bem e valeu o esforço. Em muitos outros países, esses aspectos teriam apresentado muitos problemas.

Negócios internacionais apresentam desafios

Nos negócios internacionais, a pesquisa e o planejamento tornam-se muito importantes. Você muitas vezes é obrigado a lidar com culturas, economias, governos e aspectos geográficos muito diferentes do seu. Planeje seus negócios da mesma maneira como planejaria seus negócios no país em que vive, mas não pense de modo algum que a situação será a mesma. Pesquise cuidadosamente. Não deixe que a falta de conhecimento dessas diferenças arruíne uma grande oportunidade.

Considerações culturais

As diferenças culturais podem ser consideradas como um desafio nos dias de hoje. Práticas religiosas diferentes, tabus culturais, costumes e preconceitos podem afetar a aceitação de seu produto ou de seus serviços. Se você planeja produzir um produto alimentício num país estrangeiro, por exemplo, algumas crenças ou costumes étnicos daquele país podem exigir que você acrescente ou retire alguns ingredientes do seu produto para torná-lo aceitável para aquela cultura.

As relações com as forças sindicais dos países estrangeiros podem oferecer novos desafios às companhias norte-americanas que decidem produzir e/ou comercializar no exterior. A ética no trabalho e as posturas das empresas variam significativamente em todo o mundo. Os empregados de algumas empresas do Japão, por exemplo, têm um compromisso eterno com seus empregadores e, em troca, esperam que a empresa cuide deles. Em outros países, entretanto, os trabalhadores podem não ter nenhum vínculo com relação a seus empregadores.

Pesquise o sistema de trabalho do país onde pretende fazer negócio. Ele pode ser radicalmente diferente do seu. Em alguns países, as fábricas alternam as equipes de trabalho. Uma equipe trabalha por uma semana ou um mês e, então, fica uma semana ou um mês de folga, enquanto a outra turma trabalha. Os padrões éticos são diferentes. Em alguns lugares, depois de ganhar algum dinheiro, os trabalhadores preferem ficar sem trabalhar por um certo tempo.

As obrigações religiosas também podem influenciar o sistema de trabalho. Se os trabalhadores precisam fazer pausas para rezar muitas vezes ao dia, o horário de trabalho precisa ser adaptado.

A distribuição e entrega do produto, a disponibilidade de utilização, a refrigeração... todas as coisas que podem ser simples num país podem ser problemáticas em outros.

A reação dos funcionários à autoridade pode ser uma outra variável significativa. Algumas culturas são muito obedientes à autoridade, enquanto outras se rebelam contra ela. Atitudes diferentes dão margem a diferentes índices de produtividade, exigem diferentes métodos de treinamento e reforço de treinamento e afetam o modo como uma empresa irá negociar num país estrangeiro.

Considerações econômicas

Nos mercados estrangeiros, é preciso pesquisar o perfil dos seus clientes. Descubra quanto eles podem pagar por seus produtos ou por seus serviços e, então, determine o preço que cobrará para ter lucro. Evidentemente, se eles não puderem arcar com esse preço, não importa qual seja a demanda pelo produto, você não pode levar adiante a negociação.

A oferta e o custo dos imóveis são outros fatores importantes. O custo do aluguel de uma propriedade poder tornar o lucro impossível. Você precisa ficar atento a essas considerações antes de entrar nos mercados internacionais.

A disponibilidade e o custo do marketing e da propaganda é uma outra preocupação. Oportunidades para anunciar na mídia podem não ser viáveis em muitos países ou os custos podem tornar a propaganda impossível.

Você pode ser obrigado a decidir se vai exportar o seu produto do seu próprio país ou se vai produzi-lo num país estrangeiro. Sua decisão vai se basear no preço de venda, no custo do frete e nos custos da produção local.

Comercializar para lucrar

A moeda corrente em alguns países é tão volátil que seu valor flutua drasticamente de um dia para o outro. Num mercado assim, corre-se um risco enorme ao se estabelecer um preço ou o lucro pretendido. Portanto, para operar em determinados mercados, é preciso aprender a comercializar para lucrar.

No Brasil e no México, quando os índices de inflação atingem dois dígitos e continuam subindo, o valor da moeda corrente não é estável o suficiente para ser comercializada no mercado internacional. Se você possui uma moeda corrente que todo mundo quer, como o dólar, é fácil fazer negócios em qualquer lugar, mas se estiver comercializando em pesos, por exemplo, no momento em que for usá-los, eles podem não estar valendo tanto quanto você pagou por eles. Assim, em vez de negociar usando o peso, a maior parte dos negociantes que operam internacionalmente prefere produtos com valor agregado, mercadorias que podem então ser trocadas por moeda corrente.

Quando a Pepsi-Cola entrou na Rússia para vender seus refrigerantes, eles não podiam aceitar o rublo, que não era uma moeda corrente comercializável. Então eles trocavam o xarope usado para fazer a Pepsi-Cola por vodca. Outros países comercializaram com a Sibéria em troca de peles.

Cada situação pode exigir um instrumento diferente para se alcançar o lucro. Se tiver um estabelecimento que venda a varejo na China, por exemplo, você estará recebendo de seus clientes a moeda corrente chinesa. Só que a moeda corrente chinesa não é comercializável no mercado internacional. Você pode decidir trocar o dinheiro que recebeu dentro da própria China por mercadorias de seda ou couro. Talvez você precise, na verdade, comercializar duas ou três vezes antes de ter um produto valioso para poder trocar por moeda corrente fora da China. Em qualquer situação, conseguir o retorno do valor investido é a prioridade.

É muito importante, quando estiver negociando no mercado internacional, trabalhar com bancos e contadores especializados em comércio exterior. Examine os antecedentes, pesquise as análises de venda e levantamentos para assegurar-se de que finalmente terá nas mãos a moeda e o lucro que deseja.

Considerações legais

Pesquise todas as leis pertinentes ao mundo dos negócios. Muitos países têm restrições e regulamentações exclusivas. Alguns restringem o direito à propriedade privada. Outros têm leis de nacionalização que permitem a encampação de empresas. Muitas companhias petrolíferas perderam bens para governos locais por força da nacionalização. Encontre um advogado especializado em negócios internacionais e contrate-o.

Considerações geográficas

Considere todos os aspectos da geografia local. Os recursos naturais em determinadas áreas podem ser limitados. O transporte pode ser um problema. Se você transporta um produto para um país e eles não têm meios para levá-lo até o consumidor, evidentemente você terá problemas. Não é possível fornecer produtos que exigem refrigeração para áreas que não têm eletricidade. Não se pode instalar equipamentos onde não houver pessoas que possam fazer a manutenção e consertos. É preciso levar em consideração o clima. Como uma estação de monções pode afetar seu negócio? Você precisa investigar todos os aspectos da área em que pretende instalar seu negócio. Os obstáculos podem surgir onde você menos espera.

Adapte-se e seja flexível

Criatividade e engenhosidade são fundamentais para se fazer negócios em qualquer lugar, mas são especialmente necessárias no mercado internacional. O desenvolvimento e a expansão do seu mercado, das suas vendas e do seu lucro nem sempre estarão bem delineados; você precisa aprender a trabalhar nas áreas indefinidas. Se não estiver disposto a encontrar um meio de negociar, você desanimará facilmente e, em vez de subir a montanha, vai tropeçar num montinho de terra qualquer.

Você precisa estar preparado para adaptar o seu conceito ao conceito local. O interior de nossos restaurantes é adaptado de acordo com a preferência local e com a disponibilidade dos materiais. Um exemplo notável do que estamos falando é o nosso restaurante em Hong Kong, que comporta mais de trezentas pessoas sentadas e tem um ambiente claro e aberto, muito popular nos países asiáticos.

A intuição é especialmente importante no comércio internacional. Você precisa estar atento, o tempo todo, à possibilidade de mudanças. Em muitos países, o governo pode mudar da noite para o dia, ou a vizinhança pode ser ocupada por facções de guerrilheiros. A incerteza é a regra nesses locais. Planeje para que seu negócio ou sua localização se paguem tão logo seja possível, assim, se as condições mudarem, ao menos você terá recuperado o seu investimento. Não é tão doloroso fechar uma empresa se ela já tiver coberto os seus custos.

O clima dos negócios na área internacional

A perspectiva econômica dos Estados Unidos pode ser melhorada por meio do mercado internacional. As companhias norte-americanas que operam em terras estrangeiras vão ter suas vendas ampliadas. Com o aumento das vendas, as empresas pagarão mais impostos e, no final, o aumento da arrecadação de impostos vai ajudar a diminuir a dívida interna norte-americana.

Nos últimos cinqüenta anos, muitas empresas norte-americanas, principalmente companhias automobilísticas e tecnológicas, perderam uma fatia grande do mercado para os competidores estrangeiros. Como resultado, os Estados Unidos tiveram um déficit comercial significativo, provocando um impacto negativo em sua economia. Se mais empresas norte-americanas aproveitassem novas oportunidades no cenário internacional, a balança comercial poderia pender para o outro lado, fortalecendo a economia dos Estados Unidos.

Não existe mais uma base de valor ou uma base verdadeira de sustentação para qualquer moeda do mundo, incluindo a norte-americana. A moeda lastreada em ouro e prata da época dos nossos antepassados tornou-se, para sempre, um mito. Não temos ouro suficiente para lastrear uma porcentagem muito grande da nossa moeda em circulação. Isso significa, tecnicamente, que todos os países estão falidos. Existe uma pressão, por parte da economia e do produto interno bruto, para que se continue com a taxação da renda a fim de garantir confiabilidade à moeda, mais em algumas comunidades do que em outras, mas ainda estamos sustentando economias por meio dos formatos de crédito, dos recursos naturais, da fabricação de bens e mercadorias e do produto interno bruto.

Muitos países que, no passado, tentaram manter-se independentes da economia global, estão começando a perceber que suas próprias economias dependem dos negócios internacionais. Eles estão começando a facilitar a instalação de empresas internacionais em seu território.

Durante uma viagem ao Extremo Oriente para pesquisar oportunidades de negócio, conheci um representante de uma empresa de Minneapolis que tinha uma fábrica nas Filipinas e acabava de abrir outra na Tailândia. Ele logo mencionou o fato de que as restrições da Tailândia com relação à importação e à exportação tornavam mais difícil negociar com esse país do que com as Filipinas. Essa questão foi levada aos chefes militares e aos membros do governo da Tailândia e cremos que, por meio dos esforços deles, o país tentará melhorar suas leis relativas à livre-iniciativa. Stanton J. Paris menciona isso em *A Question of Currency*. A meu ver, é preciso que a mesma coisa aconteça no mundo todo, e acontecerá.

Nunca se sabe onde vai surgir uma oportunidade. Você precisa descobrir onde surgirão obstáculos. Fazer negócios no exterior pode ser difícil e complicado. As oportunidades serão grandes e abundantes se você tiver o produto certo e um preço competitivo. Enfrente o desafio de cabeça, com determinação e espírito empreendedor, e você será recompensado com resultados positivos.

8

O Panorama Econômico e Global no Mercado Atual e as Previsões para as Condições Futuras

A estratégia para uma boa administração é compreender a economia e as tendências. Nossas condições econômicas mudam rapidamente e é muito importante ser intuitivo com relação ao que elas poderão se tornar daqui a dois, cinco e dez anos.

À medida que entramos no século XXI, estamos no que pode ser chamado de tendência ao cinismo. A maioria das pessoas acredita que o futuro será sombrio se muitas questões econômicas não forem resolvidas, sendo o equilíbrio do orçamento o primeiro item a ser considerado. Se observarmos os ciclos do governo e da comunidade do mundo dos negócios, descobrimos que as tendências parecem suceder uma a outra e se repetir, como recessões, períodos inflacionários e elevações e quedas do mercado de ações.

Muitas pessoas acreditam que, se você analisar os gráficos dessas mudanças, à medida que ocorrem, acompanhando seus altos e baixos, você encontrará semelhanças suficientes para ajudá-lo a tomar decisões melhores com base no período que você está analisando e nas características que se esvaíram no passado.

A crise financeira dos anos 80 dificultou os empreendimentos

Os empreendimentos tornaram-se mais e mais difíceis, primeiramente por causa do enfoque local e pelas práticas de empréstimo baseadas na crise do banco da habitação e o dilema por ela gerado dentro do sistema econômico americano. Essas perdas precisaram ser recuperadas basicamente por meio de impostos e reembolsos por parte do governo.

A crise do banco da habitação ocorreu principalmente por causa dos altos lucros obtidos e dos empréstimos cedidos com pouca base de equivalência. As empresas do ramo da construção civil especializadas em prédios residenciais e comerciais inflacionaram o custo das construções e obtiveram altos lucros. As pessoas que compraram essas propriedades com preços inflacionados conseguiam financiá-las oferecendo pouca garantia em troca, pagando prestações baixas e taxas de juros relativamente altas, de acordo com as condições de mercado na época. Enquanto a economia e a base de rendimento o permitissem, elas poderiam continuar a existir e manter suas propriedades. Assim que as condições começaram a piorar, pelo aumento do desemprego ou pela inflação ou por qualquer outra razão, foi muito fácil parar de fazer os pagamentos e deixar que as propriedades fossem retomadas pelas instituições financeiras. De uma hora para outra, essas instituições se viram donas de muitas propriedades. Por causa de regulamentações do governo, foram forçadas a vender essas propriedades em leilões ou liquidações do tipo "queima de imóveis" e não conseguiram recuperar o valor dos empréstimos devido ao baixo preço dos imóveis. Essa situação provocou a falência de muitas dessas instituições.

O mesmo tipo de crise surgiu no sistema bancário, tanto no mercado urbano quanto no rural. Alguns banqueiros estavam fazendo empréstimos inflacionados com base em seus próprios métodos de avaliação, no mercado da época e nas condições econômicas. Um exemplo fundamental disso são os empréstimos rurais em que o preço do hectare de terra inflacionou-se por um período de vinte anos e os valores estabelecidos para a terra excederam o retorno econômico que as colheitas poderiam gerar ou que a criação de gado poderia fornecer. Em conseqüência desses empréstimos, muitos bancos fecharam as portas porque não foram capazes de cobrir o montante de reservas e de capital que era exigido pelas leis federais e estaduais.

Essas situações problemáticas tornaram muito mais difícil, para os empreendedores do final do século XX e do começo do século XXI, a abertura de novos negócios ou a expansão dos que já existiam. Ficou mais complicado conseguir empréstimos. Eles só são concedidos para aqueles que tenham liquidez e reservas para oferecer como garantia, enquanto os que não têm um grande capital ou reservas para assegurar os empréstimos encontram dificuldades para entrar no mundo dos negócios sem um respaldo financeiro.

A pressão crescente sobre as instituições financeiras para conseguir mais segurança e garantias continuará a forçá-las a limitar o número de pessoas aptas para conseguir empréstimos, de acordo com seus padrões. À medida que as instituições financeiras se empenham para melhorar seus demonstrativos de lucros e perdas e, também, recuperar algumas das perdas que sofreram no passado e outras que possam sofrer no futuro, os juros e as taxas de administração cobradas por elas vão ficando cada vez mais altas.

Creio que essa situação tenha colaborado para a divisão cada vez maior da nossa estrutura social em classe alta, média e baixa. A tendência no século XXI será termos uma classe média em crescente retração, um aumento da classe baixa e poucas mudanças na classe alta. Isso vai acontecer também com as empresas. As grandes corporações vão se tornar maiores e a menores vão diminuir ou desaparecer.

Estão surgindo mais monopólios

A expansão cada vez maior das grandes corporações e a diminuição do número de pequenas empresas indica que existe um tipo diferente de estrutura de capital, que sofre a influência das companhias que se assemelham a monopólios e que controlam o custo das mercadorias diminuindo a concorrência. Isso influencia o modo como iremos caminhar no século XXI. O posicionamento dos gigantes corporativos vai afetar a contabilidade, a análise dos preços de venda e as condições do mercado. Veremos, no governo, tentativas de operar com base nas regras do mundo empresarial. Veremos, nas operações do governo, um instinto mais desenvolvido para identificar centros geradores de lucro e uma abordagem muito mais sofisticada para conseguir o melhor preço na compra de mercadorias e bens. Vamos notar também um controle mais eficiente dos contratos relativos ao espaço aéreo, à construção militar, aos veículos e a todos os outros bens adquiridos pelo governo. Atualmente, muitos compradores nomeados pelo governo recebem uma comissão sobre o preço da compra, o que, naturalmente, leva o agente a procurar o preço mais alto do mercado.

É essencial equilibrar o orçamento

Em poucos anos, os EUA passaram de país número 1 em concessão de empréstimos a devedor número 1. Grande parte dessa situação foi provocada pela diminuição do nosso produto interno bruto real, que não conseguiu uma posição de avanço à medida que as exportações ficaram abaixo das importações. O povo americano e os governantes finalmente perceberam essa crise. A necessidade de equilibrar o orçamento, a atenção para tornar-se um país mais competitivo no mercado mundial e diminuir o déficit nacional são, agora, prioridades. A menos que essa crise seja revertida, certamente os EUA não manterão sua estatura de maior líder mundial do ponto de vista econômico. O desafio é encontrar o limiar competitivo para produzir bens que serão vendidos no mercado internacional, recuperar a posição que ocupávamos na venda de automóveis, aviões, aparelhos eletrônicos e equipamentos agrícolas e todos os itens que podem fortalecer as vendas internacionais.

Muito se tem dito sobre o fato de que os cidadãos norte-americanos fizeram dos EUA uma sociedade que esbanja mais do que poupa. Os índices de poupança dos EUA, comparados com os do Japão, são desoladores. Muito moderados e frugais, os japoneses poupam boa parte dos seus ganhos para uso futuro. Nos EUA, nós nos tornamos uma sociedade perdulária, visto que os cartões de crédito e outros tipos de financiamento permitem que as pessoas comprem agora e paguem depois. Essa continua a ser a causa do fim da nossa condição econômica, principalmente pelo fato de que parte do débito e dos empréstimos provém de instituições estrangeiras que querem reaver seus ganhos para impulsionar suas próprias economias. O desafio que os EUA enfrentam é tentar incentivar a poupança em seu território e ser um país mais competitivo na produção de mercadorias e materiais.

Quando analisamos os hábitos de consumo das pessoas e a falta de poupança no país, descobrimos que a tendência para gastar diminui em determinados períodos de expansão econômica e, em retrospecto, as poupanças sobem quando existe alguma preocupação com o futuro econômico. É interessante notar que a recessão pode ser vista por cada economista de um modo diferente, do mesmo modo que diferentes indivíduos podem localizar em épocas diferentes os períodos de recessão ou inflação, dependendo dos fatores que levaram em conta no momento de reunir informações.

Os aspectos políticos das diretrizes econômicas têm sempre algo de desobrigação. É interessante observar as operações governamentais relacionadas à opinião pública sobre como o país está se comportando economicamente. O público acha que a responsabilidade pela economia é mais do presidente do que do Congresso, que é quem realmente a detém. Desse modo, a política fiscal do governo é vista de maneira totalmente diferente da política fiscal da empresa privada. Como cidadãos, nunca teremos um governo eficiente, taxas mais baixas ou o controle de nossos déficits até descobrirmos um meio de monitorar e controlar as despesas. Precisamos ficar mais conscientes dos custos e proteger o dinheiro público de políticos e funcionários do governo que estão esbanjando um dinheiro que não é deles. Até que sejamos capazes de fazer isso, o equilíbrio orçamentário e o déficit público continuarão a ser um problema.

Descobri que, a menos que se tenha algo a perder, não é preciso se preocupar com o que está sendo gasto ou com o custo que isso tem. A natureza humana e os padrões de comportamento das pessoas não mostram preocupação com a moderação, mas se os EUA quiserem continuar sendo um líder econômico mundial é preciso que os norte-americanos sejam mais moderados.

O prognóstico para os negócios no início deste século

As condições atuais estimularam o mercado comprador na comunidade bancária. Bancos de pequeno e médio porte estão sendo absorvidos pelos gigantes do setor. Os grandes bancos estão comprando os pequenos e assim limitando as opções do consumidor.

Os custos, as taxas e os encargos que os bancos cobram por seus serviços e, por conseguinte, o custo das operações e dos empréstimos vão atingir preços exorbitantes para os consumidores e agigantar os lucros dos bancos. A comunidade bancária superou a fase dos lucros baixos e hoje comemora saudáveis margens de lucro. As transações bancárias de pessoas físicas e jurídicas nunca mais serão baratas, a menos que a competição aumente.

Mudanças no clima dos negócios

O clima dos negócios mudou drasticamente no correr do século passado. Ainda me lembro, quando eu era menino, que a área central da cidade, especialmente nas cidades pequenas, era o ponto de encontro das noites de sábado. Lá se faziam todas as compras. Era ali que as pessoas se reuniam nas noites de sexta-feira e de sábado para comprar e passear juntas pelas ruas. Às vezes paravam para comer alguma coisa, talvez um saco de pipocas, iam à sorveteria ou apenas ficavam batendo papo com os amigos na esquina. As ruas fervilhavam de gente andando de um lado para o outro. Os estabelecimentos eram todos pequenos negócios familiares. Um estabelecimento negociava com o outro. O joalheiro fazia transações com a loja de roupas. A loja de roupas negociava com a corretora de seguros. A corretora de seguro fazia negócios com a loja de ferramentas. A loja de ferramentas negociava com a farmácia e esta com o dentista; o dentista, com o médico; o médico, com os restaurantes e assim por diante. O dinheiro podia circular umas treze vezes dentro da comunidade.

Hoje em dia o clima é diferente. As grandes empresas criaram lojas de desconto de grande porte, enormes lojas de departamento, supermercados gigantescos. Os restaurantes tornaram-se muito sofisticados em tamanho e especialidades. Todo o clima do mundo dos negócios se transformou. As superlojas ainda têm seus pontos fracos. Elas não podem fornecer um atendimento muito bom. Como não podem oferecer uma assistência personalizada, talvez os pequenos negócios ainda tenham uma chance de reaparecer.

O clima dos negócios vai continuar a mudar. A compra em domicílio está crescendo. Isso vai causar uma nova mudança no modo de comprar e no objeto da compra. Pratos para viagem já são um hábito popular. Em vez de comer fora, ir a um restaurante, muitas famílias estão preferindo comprar comida pronta e levá-la para comer em casa. É uma transição diária. Não se trata de nenhum formato específico que esteja se consolidando. Assim como vemos o clima dos negócios mudar, vemos pessoas se especializando em áreas específicas, como a dos materiais de escritório. Embora existam grandes lojas de desconto, que têm todo tipo de mercadoria, existem também lojas que se especializaram em apenas um segmento, em um só tipo de mercadoria ou em artigos de época. Temos praças de alimentação na maior parte dos *shoppings*, com os mais variados tipos de comida, todos servidos numa mesma área. No outro extremo, temos as cafeterias e panificadoras especializadas, que surgem e prosperam por toda parte.

É curioso e interessante notar como as idéias novas brotam. O espírito empreendedor está sempre criando um sistema, uma idéia ou um negócio que as pessoas acabam aceitando como aquilo que elas querem consumir.